給 Loveday and Philip Alexander

聖經研究叢書

啟示錄神學 二版

THE THEOLOGY OF THE BOOK OF REVELATION

包衡 著
鄧紹光 譯

▼

聖經研究叢書

啟示錄神學

The Theology of the Book of Revelation

原著

包衡 Richard J. Bauckham

翻譯

鄧紹光

審閱

李金好

執行編輯

徐道勵

裝幀設計

石依恆

■

出版／發行

基道出版社

香港沙田火炭坳背灣街 26 號富騰工業中心 10 樓 1011 室

LOGOS PUBLISHERS

Unit 1011, 10/F, Fo Tan Ind. Centre, 26 Au Pui Wan St., Shatin, Hong Kong

電話：(852) 2687-0331　傳真：(852) 2687-0281

網址：https://www.logos.com.hk

承印

陽光（彩美）印刷有限公司

●

8/2000 初版　6/2004 二版

Cat. No. LP132-2B

ISBN-10: 962-457-177-5

ISBN-13: 978-962-457-177-6

Original Edition "The Theology of the Book of Revelation"

Published by The Press Syndicate of the University of Cambridge

刷次	12	11	10	9	8	7	6	5	4	
年份	2030	2029	2028	2027	2026	2025	2024	2023	2022	2021

目錄

中文版作者序

拙作能以中文跟讀者見面，實在乃一極大的樂事。

在我們這個公元二千的全球化世界，啟示錄的適切性是前所未有的。我們活在一個看來許多對人類無盡進步能振發人心的盼望都已消失的時代，但這卻是現代世界賴以生存之所在。至少，毀滅和危機的徵兆跟盼望的標記，同樣在我們身邊縈繞。我們活在一個「天啟文學式的」(‘apocalyptic’) 時代中，在我看來，這並非因為二〇〇〇這神妙的數字乃無意義的，而是因為對將來存在著許多有根有基的恐懼，並且是全球性的。啟示錄並非想要引發被動的退縮來面對邪惡，也不是要以終必逃過大難的信念來安慰基督徒，而是促使我們所有人悔改，在盼望的背景底下引發我們懷抱盼望，並且呼召我們追隨基督那毫不妥協的見證的道路，無論何往，好能見證神的真理。啟示錄以神對全球境況的審判挑戰我們，但也呼召我們同樣對整個世界心存盼望。它邀請我們主動參與神為其世界所心存的盼望。

我寫本書為要幫助其他人認識啟示錄乃一深刻豐富的神學書卷。那些認為啟示錄乃以密碼撰寫將來歷史的人，跟那些只注意其神聖審判的震悚圖畫的人，就忽略這一點。總的來說，啟示錄為我們提供了一個神的視象。當我們更恰當地認識神，就會看到一個不一樣的世界。啟示錄總是不容易讀的。我們需學習如何明白它那些宏偉的象徵性視象，以及如何了解其恆常使用指向舊約聖經經文的引喻。然而，研究啟示錄是很有收穫的，因為這書卷經常出產多而又多的珍寶，我們永不可能發掘淨盡其意義。而且，更何況對於那些有眼可見有耳可聽的人，啟示錄所提供的乃是一恆常更新的神的視象及神對其整體受造物的心意。我希望那些發現本書有幫助的人，可以繼續自己尋找啟示錄應許他們的視象和分辨力。

本書由鄧紹光翻譯，他曾在曼徹斯特和聖安得烈跟我學習。非常感激他承擔這一吃力和靈巧的翻譯工作。

理察・包衡
(Richard Bauckham)
二〇〇〇年四月

譯序

五月六日，我坐在法式自助餐廳內完成《啟示錄神學》最後一章的翻譯。剛過了五四不久。這一年的五四我都忘記了，因為埋首翻譯，以及許多瑣碎的事務當中。

翻譯《啟示錄神學》，乃是不得已的。這裏面有兩層意思。首先，這並非表示《啟示錄神學》不是一本上佳的著作，剛相反，它是行內數一數二的，所以方才找來翻譯。說不得已，乃是因為華人信徒向來對啟示錄情有獨鍾，卻沒有一本像樣的啟示錄神學。就好像許多人都說喜歡潘霍華(D. Bonhoeffer)、或自稱巴特(K. Barth)神學的追隨者，可是卻沒能拿出像樣的研究成果，好貢獻華人教會。這樣子，翻譯的作用就只是引介，還說不上吸收、消化，以致對話、交流。沒有自己的研究成果，如何可以跟人家往還討論？頂多只能是問學請益。這裏不是說華人的信仰羣體沒有立場，而是因為對話、交流的層次不在難以爭辯的立場，乃在客觀的學術研究。因此，翻譯人家的《啟示錄神學》，正反映自己在學術研究的領域上虛欠不足。說不得已，首先是就著這一點來講的。

其次，翻譯並非我的專長。既沒有受過專業訓練，也沒有足夠的翻譯經驗，實在不應操筆搬字過紙。尚不止此，《啟示錄神學》雖云神學，但卻是啟示錄所蘊含的神學，也就是說，這是新約聖經的神學，而非系統神學或教義神學。要一個以系統神學或教義神學以及文化哲學為教學和研究範圍的人來翻《啟示錄神學》，似乎有點匪夷所思。這裏面涉及華人教會翻譯專業化的大問題，篇幅緣故，不能多講。只是，在我而言，就能力來說，則是不得已。當然，我也只能辯說，總得有人開始嘛。只是開始，所以並非定本，日後自當有更適合的人選，何必過分否定自己的工作。這樣解說，也是不得已。若真的只是開始，後來也真的有更專業的修訂，自是安心。然而，可見的將來，似乎並不如此樂觀。這個圈子，全心全意從事寫作、編輯的已經不多，攪翻譯的更絕對不能餬口，只能業餘，結果就只弄出業餘的譯作，如我這般。這種不得已，自是華人信仰羣體的悲哀。

是以，《啟示錄神學》的翻譯乃在一種不得已的現實和心情底下完成。九八年七月一口氣翻了全書四章，後勁不繼，也忙於教學和研究，到了九九年十二月方才完成其餘三章，然後進行修改定稿，於今方才全部殺青。殺青後一日，即五月七日，在許多瑣碎的事務當中，我坐在家中完成這篇譯序。在啟示錄中，神自稱既是創始的，也是成終的，就願祂成就人間一切宏大以及瑣碎的歷史，願祂親自補足本書以及其中文版的種種不足。願一切都在終末降臨時，圓滿無缺。

鄧紹光

二〇〇〇年五月七日

又及：在此必須多謝李金好女士。她的審譯認真而仔細，於糾正誤譯，疏通文理，豈云小補。當然，任何翻譯上的錯謬，仍當由譯者負責。

譯者按語

根據譯者跟《啟示錄神學》作者包衡的通訊，得知原書引用的聖經經文主要出自*NRSV*（*New Revised Standard Version*），必要時按原文稍作修改。中文聖經和合本未盡能一一對應，故翻譯時遇上差異即按原書稍作更改，亦於行文中交代。

再版譯序

《啟示錄神學》中文版初版於二〇〇〇年八月，是世紀之末，也是世紀之初。如今已過三年多，中間世事迭變，尤其令人震驚的當數九一一事件，以及其後美國對伊拉克的攻擊。讀啟示錄，感慨萬千，就常想到「主耶穌啊，我願你來。」（啟二十二20下）也總盼望那將要來臨的日子：「上帝要擦去他們一切的眼淚；不再有死亡，也不再有悲哀、哭號、疼痛，因為以事的事都過去了。」（啟二十一4）這些都是安慰的信息。但啟示錄也是「先知的話語」，和合本的譯詞是「預言」（prophecy），兩者雖有重疊的地方，但也有微妙的分別。周健文對此有清楚的解說，茲引如下：

> 「預言」與「先知的話語」有重疊的地方，因為兩者都會涉及將來發生的事。但是，兩者之間卻有微妙的分別：「預言」是在事件發生以先，預先將快要發生的事講說出來；「先知的話語」含義較廣，往往涉及將來事情，但卻不一定著重未來的事，也可能與當下情勢有關。啟示錄屬於後者，因為書中有論及將來，卻先針對寫作時的教會情況。[1]

先知的話語首先針對的是當下教會的境況，這又不免叫人感到難堪。啟示錄批判當時希羅社會落在政治跟經濟偶像化和淫亂的境況，而教會則逐漸在紙醉金迷的生活中迷失自己。以此而論，則今天的華人教會又有幾多能忠於信仰？今天的華人信徒又有幾多能抗拒資本主義的消費文化？基督給七教會的信，豈不同時是給我們華人教會的嗎？

《啟示錄神學》的再版，標誌了甚麼呢？真的有更多的人認真面對自己生命的境況、以及教會的屬靈光景？但願真的如此，否則，啟示錄二十一章8節所講的就是我們的結局：「惟有膽怯的、不信的、可憎的、殺人的、淫亂的、行邪術的、拜偶像的，和一切說謊話的，他們的分就在燒著硫磺的火湖裏；這是第二次的死。」

鄧紹光

二○○四年三月二十二日

1 周健文：〈「從那城出來」〉，載《認知解讀啟示錄》，鄧紹光主編（香港：基道出版社，2002），頁41。

導讀(一)
出世入世的啟示錄

周健文

回顧啟示錄在歷史中所引發的討論，便知道它是一卷極有力量的書。正因這樣，它也是一卷經常引發爭議的書。應否將它納入基督教的正典是早期教會領袖爭論多時的問題。到它的正統地位被確立以後，啟示錄沉寂了一段時間。到中古時代，它又再激起新一輪的熱潮。直接或間接受到書中信息感召的人，有起來鞭撻教會腐敗的，有領頭為貧民拯命，揭示社會黑暗的。由於這些人間有較為極端的行動，於是造成反彈，令一些人以為啟示錄帶有煽動成分，因而存有戒心。在華人教會圈子中，啟示錄頗受信徒歡迎。它燃點了信徒對將來的盼望，使人潔身自愛，為主的再來做好準備，又令一些人不滿，以為啟示錄只談來生，不問世事。

這樣看來，雖然啟示錄的正統地位得到確立，但是對於應該怎樣理解及應用書中信息可謂未有定論，相信仍會引發討論甚至爭議，解釋啟示錄的作品亦會繼續出現。在這個背景下，我們要常常問一個簡單的問題：「有需要多出一本介紹啟示錄的書嗎？」由於包衡的《啟示錄神學》是一本翻譯作品，我們更要問：「有需要引入外文作品嗎？」

答案是，有需要。鄧紹光博士有充分理由將英國學者包衡的《啟示錄神學》譯成中文：第一，它介紹了一種值得參考的閱讀角度；第二，它做了一件不常有的事，即是詳述了啟示錄的神學；第三，它讓讀者看見怎樣可以將針對一世紀教會處境而發的信息與二十世紀末葉以至二十一世紀的世界情況關連起來。

先談啟示錄的閱讀角度。在二十世紀七十年代，歐美學術界開始對天啟文學從新發生興趣。啟示錄自然地成為研究重點。經過二、三十年的研究，在方法論和結論兩方面，都有了新的發展。包衡的《啟示錄神學》沒有詳細介紹這方面的成果，只簡要地提出了一些重點。其中有不少極具參考價值的資料。論到啟示錄的文體，包衡提出說，啟示錄是啟示書，由先知將在神裏面的看見記錄下來，以書信的形式，傳給當時教會，目的在於啟發當時信徒的想像，從神的角度來檢視現實世界，從而生發對神的忠誠，不受引誘，活出與世人有別的生活。即是說，啟示錄的信息所針對，主要是當時情勢，即第一世紀教會情況，而非幾千年後的政經發展。這不是一個新的結論，卻由一個新的角度說明出來。對華文讀者而言，這是包衡一書第一個貢獻。順道一提，華人對啟示錄的認識，大都繼承歐美基督教的傳統。但是，類近包衡所提立場的觀點卻遲遲未見引入討論。因此，建議將包衡的作品譯成中文的人應記一功！

再談啟示錄的神學。誠如有關叢書宗旨簡介所言，現存不少研經材料大都著重討論成書背景，諸如歷史、文法及文學等課題，傾向輕忽書中神學信息。外文作品如是，漢語作品也正朝這個方向走。包衡的《啟示錄神學》正好填補了這方面的空檔，也喚醒我們留意這方面的缺失。啟示錄的神學極有特色。包衡認為，它是以三一神為中心，且是新約聖經中最為全面的三一神學表達。它強調神是至高無上，是羅馬君王無法比擬的，而且神仍與世界同在。在這種看見的光照下，啟示錄的作者超越了環境影響，看出了羅馬帝國的實相，從而提出了基督徒的評判，否定帝國有絕對的權柄。包衡特別強調說，啟示錄的作者對羅馬君王和帝國，作出批評，並非單純因他和他的受眾受到逼害，實是基於他對這位超越的神的認識。這樣，他便說明了神與當代人的密切關係。包衡對啟示錄神學的闡釋，應對讀者有所啟發。他書中最後的一句話，可謂語重心長。他說，從新關注神的道理是當前最急切的工作。一點不錯！啟示錄研究輕忽神學也許可以作為這種現象的說明？

在今天，追求掌握資訊科技、渴望獲得心理學、社會學、管理學等範疇的知識及有關技巧，好能操縱生命，是時下熱潮。在這些方面有專長的信徒，為數也不少。但是，渴望認識神的，又有幾人呢？啟示錄的作者有經歷，對神有認識，於是禁不住發出呼聲，將神與當代的關係表明了出來。包衡挑戰我們從新認識真神，也嘗試將啟示錄的當代意義説明出來。這是包衡一書的第三點貢獻。在這方面，我想提出其中一點，稍加討論。正如啟示錄的作者基於神的真理，批判羅馬帝國既壓制人又誘惑人的力量，包衡也從真理角度稍微回應歐美世界的情勢。他首先指出，主導當今西方社會的，不是一種禁制福音傳播的專權思想，而是一種放棄追尋真理的相對主義。因此，他認為，教會首要任務，是為神的真理和真理的神作見證，抗衡世間一切偶像崇拜，既反對將軍事、政治和經濟力量神化，也不將反對不公平不義的力量絕對化。這種見證是「入世」的，因為期盼所有人都尊神為神，也是「出世」的，因為其基礎是一位超越一切的神，又期盼神的國早日降臨人間。作為西方人，包衡回應了他身處的環境；我們的環境不盡相同，回應方式又會否有別呢？若有分別，啟示錄又給我們什麼提示呢？

包衡的《啟示錄神學》值得細讀。讀者的心意也當受到欣賞。但是，最好的回應，我想，就是回應包衡的呼籲，繼續完成別人無法替我們完成的工作。那就是，在我們各自的處境中，從新發現神的工作——願神憐憫，成全神的旨意，就如啟示錄的作者所經歷的一樣。這種經歷，西國兄姊需要得著，華人兄姊也要得著！得到以後，我們自會發現啟示錄的當下意義！得到以後，我們必會將啟示錄的信息應用在我們的處境之中！得到以後，我們也會明白啟示錄怎樣既出世，又入世！

導讀(二)
荒原中的路徑

周兆真

新約聖經中，啟示錄一書可說是獨樹一幟的。它無論在體裁和內容上，都和其他書卷大不相同。由於啟示錄談到「將來必成的事」，一直以來素得華人教會關注，求經者趨之若鶩。但啟示錄確是不易明白的書，按筆者觀察，雖然坊間有不少中文的啟示錄注解作品，但能按啟示錄成書歷史背景、文學體裁和內容特點解釋啟示錄的書本確是不多。因此求經者有如聞到從花園傳來的陣陣花香，隱約見到色彩鮮艷的花朵，但腳前卻是亂草滿地，甚至荊棘攔路，以至寸步難行，愈是殷切渴慕追求者，愈有容易迷失的感覺。故此，研究啟示錄需要可靠的嚮導。

蘇格蘭聖安得烈大學新約教授包衡著作《啟示錄神學》一書，自一九九三年面世後，深得讀者的愛戴和新約同道的推薦，先後已經再版數次；現在包衡弟子——香港信義宗神學院神學與文化副教授鄧紹光博士——將其翻譯成為中文，對華語神學界和教會來說，真是功不可沒的貢獻。

《啟示錄神學》全書共分七章。第一章作者介紹啟示錄的體裁、本質和一些讀啟示錄必須具備的知識和前設。第二章除介紹啟示錄的上帝觀外，還對第一世紀的君主和偶像崇拜加以批判。第三章是啟示錄的基督論，闡釋啟示錄如何表達基督和上帝同一的道理。第四章論基督和信徒的得勝，闡述釘在十字架上的羔羊和忠心到底、甚至殉道的信徒才是真正的得勝。第五章論聖靈的工作，尤以解釋「預言」的真義至為精彩。第六章講述新城耶路撒冷的含義，而第七章則論啟示錄一書對今天信徒的意義，論理精闢。

《啟示錄神學》一書，值得人手一卷，理由很多，茲舉其重要者幾項為例，供讀者參考：

一、包衡強調約翰寫啟示錄，目的是向第一世紀亞細亞的教會傳遞合時的信息（communication）。此點極為重要，因為約翰的對象既是當時的信徒，他自然使用當時的語言作為傳遞媒介和針對當時的問題。由於約翰採用當時教會流行的文學體裁——天啟文學（Apocalyptic literature）和書信——預言那將要成就的事，讀者便必須對啟示錄的文學體裁、羅馬世界及當時信徒的生活處境有所認識，才能掌握啟示錄的真義。《啟示錄神學》第一章對上述論點有清楚的交代。

二、啟示錄的解釋之所以紛雜混亂，甚至互相矛盾，引來偏激之說，其中一個原因是各家對啟示錄中「預言」一詞的理解不同所致。包衡「一語中的」指出啟示錄的預言不是對後世事件的逐件預測，而是：第一，針對當時教會處境，宣告神的心意，從而引起讀者相應的行動；第二，預告基督再來前必有正邪相爭的事，鼓勵信徒不要受邪惡污染，堅持到底。讀者必須對此有所認識，才能不致被時下流行的風氣搖動，諸多臆測，錯認啟示錄是直接預告近世某軍事強人、某經濟大國或是黨派政權，甚至原子彈……等；因為照這樣的解釋，不但啟示錄對第一世紀的信徒了無意義，同時約翰寫書的原意及原讀者的理解也變得蕩然無存了。

三、包衡在第一章討論啟示錄的象徵世界(imageries)，此點非常重要。啟示錄不單受舊約聖經和猶太舊約偽經天啟文學的影響，就是希羅世界流行的神話故事，甚至公元七十九年維斯蘇里火山(Mt Vesuvius)的爆發等，在在都和啟示錄的象徵世界充滿關係。因此讀者必須在啟示錄的象徵世界中下工夫，知其指涉，才能掌握啟示錄的豐富神學意義，不至落入「猜測」和「空談」的陷阱。

筆者才疏，卻願向華人神學界及信徒誠意推薦此書，又願此書為神使用，造福華人教會。

縮寫表

聖經及其他古代文獻

Ap. Abr.	Apocalypse of Abraham
Ap. Paul	Apocalypse of Paul
Ap. Zeph.	Apocalypse of Zephaniah
Asc. Isa.	Ascension of Isaiah
2 Bar.	2 Baruch (Syriac Apocalypse of Baruch)
Bel	Bel and the Dragon
b.Sanh.	Babylonian Talmud tractate Sanhedrin
2 Chron.	2 Chronicles
1 Clem.	1 Clement
2 Clem.	2 Clement
Col.	Colossians
1 Cor.	1 Corinthians
2 Cor.	2 Corinthians
Dan.	Daniel
Deut.	Deuteronomy
Did.	Didache
Eph.	Ephesians
Exod.	Exodus
Ezek.	Ezekiel

Gal.	Galatians
Gen.	Genesis
Hab.	Habakkuk
Heb.	Hebrews
Hermas, *Mand.*	Hermas, *Mandates*
Hermas, *Vis.*	Hermas, *Visions*
Hos.	Hosea
Isa.	Isaiah
Jer.	Jeremiah
Josephus, *Ant.*	Josephus, *Antiquitates Judaicae*
Jos. As.	Joseph and Asenath
Jub.	Jubilees
Judg.	Judges
L.A.B.	Pseudo-Philo, *Liber Antiquitatum Biblicarum*
Lad. Jac.	Ladder of Jacob
Liv. Proph.	Lives of the Prophets
Matt.	Matthew
Mic.	Micah
Num.	Numbers
Odes Sol.	Odes of Solomon
1 Pet.	1 Peter
2 Pet.	2 Peter

Philo, *Mos.*	Philo, *De Vita Mosis*
Philo, *Plant.*	Philo, *De Plantatione*
Ps.	Psalm
1QGen.Apoc.	Genesis Apocryphon from Qumran Cave 1
1QH	Hodayot (Thanksgiving Hymns) from Qumran Cave 1
1QM	Milhamah (War Scroll) from Qumran Cave 1
4QpIsa.	Pesher on Isaiah from Qumran Cave 4
1QSb	Blessings from Qumran Cave 1
Rev.	Revelation
Rom.	Romans
1 Sam.	1 Samuel
2 Sam.	2 Samuel
Sir.	Ben Sira (Ecclesiasticus)
2 Tim.	2 Timothy
T. Levi	Testament of Levi
Tob.	Tobit
Zech.	Zechariah

叢刊

AARSR	American Academy of Religion Studies on Religion
BETL	Bibliotheca Ephemeridum Theologicarum Lovaniensium

BNTC	Black's New Testament Commentaries
BZNW	Beihefte zur *Zeitschrift für die neutestamentliche Wissenschaft*
EQ	*Evangelical Quarterly*
Int.	*Interpretation*
JBL	*Journal of Biblical Literature*
*JSNT*SS	*Journal for the Study of the New Testament* Supplement Series
*JSOT*SS	*Journal for the Study of the Old Testament* Supplement Series
NCB	New Century Bible
Neot.	*Neotestamentica*
NTS	*New Testament Studies*
RTP	*Revue de Théologie et de Philosophie*
SNTSMS	SNTS Monograph Series
TDNT	G. Kittel, ed., *Theological Dictionary of the New Testament,* 10 vols. (trans. G.W. Bromiley; Grand Rapids: Eerdmans, 1964-76)
Them.	*Themelios*
TU	Texte und Untersuchungen
TynB	*Tyndale Bulletin*
WUNT	Wissenschaftliche Untersuchungen zum Neuen Testament
ZNW	*Zeitschrift für die neutestamentliche Wissenschaft*

第一章

閱讀啟示錄

啟示錄是一本甚麼類型的書？

開始時提出這個問題很重要，因為問題的答案決定了我們對本書的期望：我們想要在啟示錄中找到甚麼樣的意義？對新約的讀者來說，閱讀啟示錄的其中一個難題是，在眾多的新約書卷中，它看來是破格的，他們不曉得該怎樣讀。由於未能好好地掌握這書的性質，對啟示錄的誤解便經常由此而生。

一本書的起頭通常已清楚表明了此書想要以何種類型、面目出現；至少，古代的書籍便是如此。啟示錄的開頭幾節似乎指出了它屬於不止一種文學類型，而屬於三種。第一節本質上是標題，說到耶穌基督的**啟示**（revelation），這啟示是由神賜給祂的，然後，經一連串的人物，再傳遞給神的眾僕人：神→基督→天使→約翰（作者）→神的僕人。「啟示」或「天啟」（apocalypse, *apokalypsis*）一詞顯示此書屬於古代猶太及基督教文學的類型，現代學者稱之為天啟文學（apocalypses）。儘管我們不能確定約翰使用這詞之時，它是否已經含有這個特殊意義，啟示錄跟其他被稱為天啟文學的作品還是有許多相似的地方。

然而，一章3節卻描述啟示錄為**預言**（prophecy），為基督徒在敬拜場合中揚聲朗讀之用。這預言的宣稱，在全書跋的部分得到印證（參二十二6～7，這回應了一1～3；特別參二十二18～19）。但接著的一章4至6

節卻又叫我們肯定啟示錄是一封**信**(letter)。4至5節上依從了保羅和其他早期基督教領袖常用的起首格式：列明寫信人和收信人，隨後是問安，形式為「願恩惠和平安從……歸與你們」。啟示錄的開首跟保羅慣用的形式有一些差別，但它那種早期基督教信件的格式則十分明顯，這可從書末的結語得到印證(二十二21)；這結語跟許多保羅書信的結語很可比擬。由此看來，啟示錄屬於天啟預言(apocalyptic prophecy)的文學類型，形式是一封傳閱的信(circular letter)，寫給羅馬帝國亞細亞省份的七所教會。這在一章11節表達得十分明確：約翰要把所接收的啟示(他所「看見」的)寫下來，傳送給此處記載的七所教會；這一命令也適用於全書所有的視象(vision，譯按：和合本譯異象，但考慮到啟示錄所說的vision特別指約翰所看見的，故譯為視象)和啟示。二、三章常被視為給七所教會的七封「信」，這是誤導的。二至三章並非七封信，而是給七所教會的先知信息(prophetic messages)；整卷啟示錄才構成一封給七所教會傳閱的信。七段針對個別教會的信息只是全書的引言，整卷書都是向七所教會說的。由是，我們必須嘗試公平地照顧到啟示錄的三種文學類型：天啟、預言和書信。這三種類型將在下文逐一討論。先討論預言是較為恰當的。

啟示錄是基督教預言

我們對約翰所知甚少，只知道這位啟示錄的作者是猶太人，是基督徒先知。明顯地他屬於亞細亞省教會圈中的先知羣體（二十二6），並且，他至少有一個敵人：推雅推喇的女先知。約翰認為她是位假先知（二20）。因此，要明白這卷書我們必須置之於早期基督教預言的處境中。約翰必定早以先知的身分，活躍於他去信的眾教會之中。給眾教會的七段信息，顯示了他對每一個地區的處境瞭如指掌，而二章21節更可能是指著他先前的先知式神諭（prophetic oracle），就是對那個推雅推喇的女先知（他說的耶洗別）講的。對這些教會而言，約翰不是陌生人；他曾在他們中間履行先知的職事，很認識他們。

因為基督教先知經常在基督徒的敬拜聚會中宣講預言，我們就得假設約翰也恆常如此。是以，在敬拜聚會中念這些寫下來的預言（一3），乃代替了約翰平常親身的參與和宣講。一般來說，初期教會的先知所傳講的神諭，都是上帝在敬拜聚會中賜給他們的。他們當下領受了啟示，就隨即宣講出來（參林前十四30；Hermas, *Mand.* 11:9）。這一類啟示是先知在聖靈的感動下，奉神或死而復活的基督之名，用神諭的形式傳給教會的；神諭中的「我」就是指那位透過先知向教會說話的神（參Odes Sol. 42:6）。然而，初期的基督教先知看來也曾領受過視象性的啟示(visionary revelations),先知領受啟示以後再用報導的形式向教會傳遞(參徒十9～十一18;Hermas, *Vis.* 1～4)。這樣,視象原本是個人的經驗,儘管這經驗是在集體敬拜的時候發生,而在之後先知才用報導的形式向教會傳講。我們可以分別這兩類的預言,雖然這種分類並非絕對的,但卻很有用:奉神或基督之名說的神諭,以及視象報導——先知在領受了之後再傳遞給其他人的啟示。整卷啟示錄都是視象報導,而其中也包含了神諭式預言(oracular prophecy),神諭式預言在書中的序(一8)與跋(二十二12～13、16、20)出現;給七教會的信息(二1～三22)也是神諭,以基督話語的形式出現,並且,在全書各個部分(如十三9～10,十四13下,十六15)也有不少先知式神諭穿插在眾多的視象記述中。

然而,假設啟示錄跟約翰親身宣講的那種預言類型大致相似,它跟即席的預言相比起來,卻是更為精巧和雕琢的作品。約翰以驚人的細心與技巧寫成啟示錄這部文學作品。當然我們絕對不該懷疑約翰有過動人心神的視象經歷,然而,他必定經過了長時間的反思和寫作的過程,把這一切融入了一部全新的文學作品之中,目的不在於重現他的經驗,而在於傳遞他所領受的啟示的意義。毫無疑問,啟示錄是一部為口述劇(oral performance)(一3)而創作的文學作品,但作為一充滿意義和引喻(allusion，譯按：引用前人著作以喻現今境況)的複合文學作品，啟示錄跟大多初期基督教那種即席的口述預言，就有著質的差異了。

由此看來，約翰把預言寫下來，不僅是因為他不能親身到眾教會去。約翰在拔摩這民居的小島上寫作(一9)，離以弗所不遠。過去大多假設一章9節表明了他被流放到那裏，或是為逃避迫害，或是被判流刑。有這個可能，但也有可能他到拔摩島去是為領受啟示(「為神的道，並為給耶穌作的見證」可追溯至一章2節，這些字眼是用來描述他所「看見」的；另一方面，請參六9，二十4)。

儘管大部分初期基督教預言都是口述的，非以文字寫成，約翰仍然可以從希伯來聖經的先知書卷中，以及較後期的猶太天啟文學中，找到不少預言作品的模式。在文學的形式上，約翰的作品是受益於這兩種模式的。很明顯，約翰不單把自己看作是基督教先知的一位，並且也是舊約先知傳統中的一員。譬如，在十章7節他聽到「神的奧祕就成全了，正如神所傳給他僕人眾先知的佳音」，當中所指的先知(引用摩三7)，差不多可以肯定是舊約的眾先知。接著，約翰記錄他自己受差遣的情形(十8～11)，卻是與以西結先知所記的如出一轍(結二9～三3)；他的使命就是宣告，神在古時向眾先知所啟示的將要成就。整卷啟示錄充滿著舊約預言的引喻，縱然沒有引經據典。約翰身為先知，實無須引用前人的預言，但他卻採用並重新解釋前人的預言，就像舊約先知傳統的後期作者那樣，選取並重新解釋較早期的預言。舉個例子，約翰針對巴比倫的偉大神諭（十八1～十九8），正回應了舊約先知所講所有針對巴比倫的神諭，這是明顯的事實；別外兩個針對泰爾的神諭亦然。[1]看來約翰不單站在舊約的先知傳統裏寫作，他更明白到，自己正處於傳統的高峯時期：眾先知所說，一切關乎末世的神諭（eschatological oracles）快要完全實現了；於是就在他那預言性的啟示作品中，把這一切都收入其內並重新解釋。約翰之所以為一基督教先知，乃在於他在舊約先知性的期盼已然實現的亮光下，即在羔羊、彌賽亞耶穌勝利的亮光下撰寫啟示錄。

啟示錄是天啟文學

聖經研究老早就把舊約預言和猶太天啟文學分別開來，後者包括舊約的但以理書，以及正典以外的作品如以諾一書（1 Enoch）、以斯拉四書（4 Ezra）和巴錄二書（2 Baruch）。預言和天啟文學之間的連續性和差異所牽涉的範圍究竟有多廣，所涉及的特性為何，是極富爭議性的。而這個分別也意味著：啟示錄跟猶太天啟文學之間的關係，也曾為學者爭論過。這問題往往以誤導性的方式鋪陳出來，彷彿約翰自己就像現代學者那樣對預言和天啟文學作出了種種的劃分，這是不太可能的。但以理書是約翰主要參考的舊約書卷之一，他必定視之為先知書。假使約翰懂得一些後聖經的天啟文學(post-biblical apocalypses)——很可能他是懂得的——他也會視之為預言一類，並且他也會在預言中，採用某些天啟文學的形式和傳統(就是我們看來與啟示錄相類似的地方)，正如舊約預言採用的手法。

我們可能仍然會問：在甚麼意義底下，啟示錄屬於我們稱之為天啟文學的古代宗教文學類型呢？哥連(J. J. Collins)這樣定義天啟文學：

> 「天啟文學」是一啟示性的文學類型，具有敍事架構。當中，啟示是透過另一世界的存在物向人類這接收者傳遞，揭示一超越的現實(transcendental reality)，這超越是時間上的，也是空間上的。是時間上，因這超越的現實展現了終末的拯救；是空間上，因它引入了一個非人間的超自然世界。[2]

新近一些關於天啟文學的研究，在終末拯救這一點上卻有爭議。固然，把天啟文學看待為關乎歷史和終末論的記載，已經是習慣了的事，但並非所有天啟文學都必如此；在現存的猶太天啟文學作品中，觀看者所接收的屬天啟示涵蓋了許多不同的題目，不盡是歷史或終末論。[3]然而，約翰的啟示錄則全是終末論，寫的是終末的審判和拯救，以及這些對他寫作時的處境有何衝擊。他領受的屬天啟示乃關乎神在歷史中的作為，祂怎樣完成為世界所定下的終末目的。換句話說，約翰的關注全然是先知性的，他使用天啟文學類型作為預言的載體——並非所有猶太天啟文學作者都恆常地這樣作的。因此，最好把約翰的作品稱為先知式的天啟文學（prophetic apocalypse）或天啟式的預言（apocalyptic prophecy）。有了這樣的界定，啟示錄就顯然符合了前文所引述的對天啟文學類型所下的定義，以致在辨認其跟猶太天啟文學之間的類型關係，毫無困難，與此同時，也確認了其跟舊約預言的延續性。

約翰的作品在許多方面都屬於天啟文學的傳統，他採用了天啟文學傳統中某些特殊的文學格式和詞彙，這些格式或詞彙都散見於猶太的天啟文學作品中；[4]然而為著我們的討論，還須在此提出兩大方面，就這兩方面的意義來說，啟示錄隸屬於猶太天啟文學的傳統。

首先，約翰的作品乃先知式的天啟文學，它向人揭示了一個從超越角度對世界的觀察。它是先知式的，因為它針對具體的歷史處境——正是公元第一世紀末，羅馬帝國亞細亞省份的基督徒的處境，並把神的預言帶給讀者，促使他們在處境中分辨神的旨意，又按著這旨意恰當地對他們的處境作出回應。如此處境性地傳遞神聖的旨意是典型的聖經預言傳統。另一方面，約翰的作品也是**天啟式的**（apocalyptic），因為，約翰是怎麼樣叫讀者能以先知的眼光在自己的處境中體察神的旨意呢？就是把所見的視象揭示出來；在視象中他被帶離這個世界，讓他以另一個角度觀看世界。如此約翰的作品便屬於視象揭示的天啟傳統：觀看者在視象中被帶到神在天上的至聖所，領受神奧祕的旨意（參，如1 Enoch 14～16，46，60:1～6，71；2 Enoch 20～21；Ap. Abr. 9～18）。

約翰（並讀者也跟他一起）被提到天上，好從天上的角度觀看世界。他有機會在歷史帷幕的背後窺望，看見他所在的時空裏真正發生的事情。在視象中他也被領進世界的終末將來，讓他在上帝為人類歷史所設定的終極目的底下，從預定終局的角度觀看現在。或者可以說，視象的作用是要擴闊讀者的世界，既在空間上（進入天上），也在時間上（進入終末將來）；或者，換一種說法，就是要叫他們的世界向神聖的超越面開放。羅馬帝國的權力和意識形態對讀者世界所造成的種種限制被打破，讀者有一個新的世界觀，就是向著超越的創造主和救贖主那更偉大的旨意開放。這並非要捨離此時此地，逃遁於天上或終末的將來，而是，當此時此地向超越的層面敞開的時候，世界的樣子就完全不同了。

這個由天啟的視象所顯示的、從超越的角度觀看的世界，是一個新的符號世界。讀者被約翰的藝術筆觸引進了這個世界裏[5]——這實在不是另一個世界，而是讀者天天生活在其中的具體世界，不過從天上和終末的角度來觀看而已。既然如此，它的作用(稍後我們將更仔細討論)乃是為抗衡羅馬帝國的世界觀，正是約翰的讀者自然地共有的、那對他們的處境作出詮釋的主體意識形態。啟示錄把世界向神聖超越面開放，以此抗衡那種對現實的錯誤觀念。書中重複採用這些天啟文學的母題(motifis)：在視象中被提升至天上、看見神在天上的至聖所、天使作為啟示的中介、政權的象徵性視象，逼近的審判和新的世界——這一切都是為了一個目的，就是從超越的神聖旨意的角度揭示讀者生活的世界的面目。

就第二大方面的意義來說，啟示錄隸屬於猶太天啟文學傳統，原因在於它提出了一個很多猶太天啟文學作品所關注的**問題**：誰是世界的主？猶太天啟文學既繼承了舊約先知傳統的關懷，就特別注意到神透過先知所作的應許表面上好像還沒有實現：邪惡被審判，義人得拯救，神在地上施行祂公義的治權。世界看來是由邪惡所管治，而非神：義人受苦，惡人興旺。神的國在哪裏？面對著世界嚴峻的邪惡實況，特別是強大的異教帝國對神忠心的子民施行壓迫的政治罪行，天啟文學的作者竭力於維持神子民的信仰：對獨一、全能和公義的神的信心。這問題的答案基本上總是，不管表面看來如何，管治世界的始終是神，祂要推翻邪惡的政權，建立自己的國度；這日子不遠了。[6]約翰的啟示錄在許多重要的點上跟天啟文學的首要關懷相一致，他看見羅馬帝國僭奪神統治世界的王權，無論怎麼看她都十分成功，神對世界的統治明顯地跟羅馬帝國的統治矛盾衝突。約翰面對一個問題：到底誰是這世界的主？他預見那終末的危機，那時候，問題將白熱化。然而，在神最後的勝利底下，在一切邪惡被制伏之後，神永恆的國度被建立起來之時，問題便得以解決。我們將會看見，這些主題約翰處理得異常出色，正因為他繼承了猶太天啟文學傳統的關懷。

跟其他天啟文學的差異

至此，我們已全然確認，啟示錄是屬於天啟文學這一類型，我們還得注意啟示錄中兩個純粹在形式上、文學手法上跟其他天啟文學的分別。第一個不同之處極少為人所留意：啟示錄中滿佈著豐富的視覺形象（visual imagery），這是極不尋常的。無疑，象徵性的視象是天啟類型的特色，但在別的天啟文學作品中，別外的一些啟示方式也經常佔著同等的比重，甚或更大的比重；作品中經常有觀看者與天上啟示者（神或天使）冗長的對話，如此傳遞信息，跟以視覺符號為主導的啟示錄分別很大（參，如4 Ezra 3～10；2 Bar. 10～30）。別的作品又常常出現大段的敍事式預言（narrative prophecy）（如但十一2～十二4），那在啟示錄卻很少見（參十一5～13，二十7～10）；視覺符號系統在啟示錄佔的比重遠超過幾乎任何可供比較的天啟文學。除了比重的差異之外，還有其他的分別。一般來說，天啟作品中的象徵性視象須由天使向觀看者說明意義（如，4 Ezra 10:38～54，12:10～36，13:21～56；2 Bar. 56～74），而啟示錄中這樣的說明就十分罕有（七13～14，十七6～18）；書中對視覺符號的描繪手法讓符號傳遞本身的意義，以至符號得以保留完整的意義，不至於因為被翻成文字而有刪減意義的可能。

再者，這類在天啟作品中常見的象徵性視象，相對來說比較短小，自成一體，只佔全書的一小部分（如但七、八章；4 Ezra10，11～12，13），單在一個段落出現，再沒有在其他部分重複。啟示錄則相反，一個視象（一10～二十二6）通貫全書。雖然場景不斷轉換，新的圖象一一湧現，但一旦出現了之後，它們就會在全書反復出現。因此，約翰的視象創造了一個符號世界，讓讀者在閱讀（或聆聽）時親歷其境。啟示錄豐富的視覺意象，以及這些視象的一氣呵成，都使得它在眾多的天啟文學中顯得特別出眾。

這並非簡單地以約翰擁有過人的視覺想像能力就可以解釋的。豐富的符號力量和一致性，都有一文學——神學的目的，就是創造一個符號世界，讓讀者投入其中，以便影響他們，改變他們對世界的看法。當然，大多數「讀者」原先是聽眾。啟示錄原是為基督徒崇拜中的口述劇而寫的(參一3)，[7]因而其效果頗像戲劇表演，因其長度的關係，觀眾可以進入劇中的世界，也可以因經歷了劇中的世界，從而強烈地扭轉他們對戲劇以外的世界的了解。許多天啟文學或多或少都有這樣的效果，然而，啟示錄那特殊的視覺性和它所特有的符號的連貫性，使得它這種溝通方式更有潛在的可能。稍後我們將回到這一點上。

啟示錄和猶太天啟文學在形式上、文學手法上的第二個不同之處就是，啟示錄不像猶太天啟文學那樣，是託名的。猶太天啟文學的作者假借聖經中古人的名義，如以諾、亞伯拉罕或以斯拉等，作為領受啟示的人物，不用自己的名義寫作。對這現象的解釋不易確定，[8]看來他們並非存心瞞騙；較可能的解釋是，他們想要借助一個他們自覺所屬的古代傳統作為權威，以之代替個人的在自己的獨立權威。這託名的做法有一重要的文學後果：作者要把自己虛擬地置身於古代的處境中。當然，作者是為著與他們同一時代同一處境的人寫的，但因不能明寫，只好借用古代的觀看者望向那遙遠的將來，就是作者和讀者所處的世界的末期。

約翰就很不同，他用真實的名字。約翰當然知道，他是在舊約先知的傳統底下寫作，但是，他本身也是這傳統裏的一個先知。既然處於整個傳統的高峯時期（所有預言終極指向的終末實現的邊緣上），他的權威就要超過前人了。當然，這權威其實並不來自約翰本人，而來自他要見證的耶穌基督的啟示（一1～2）。他的先知意識，讓他感到無須託名，直以自己的名字寫作（一1、4、9，二十二8），並視自己的蒙召為先知式的（一10～11、19，十8～11），就如以賽亞或以西結那樣。

把二十二章10節跟其所模仿的經文比較，十分有啟發性。在但以理書，這本約翰主要參考的聖經天啟文獻的結尾，[9]天使對但以理說：「你要隱藏這話，封閉這書，直到末時……你只管去；因為這話已經隱藏封閉，直到末時。」（但十二4、9）但以理的視象所指向的將來，距他生活的時代異常遙遠，他的預言要被收起來，藏在封妥的書卷中直到末時，那時，人才會明白這書卷所寫的。約翰的天使就給他一個完全不同的指示：「不可封了這書上的預言，因為日期近了。」（二十二10；參一3）約翰的預言跟他那一代人是直接相關的，不是關乎遙遠的將來，而是關乎約翰在亞細亞省七個教會在那個時代所面對的共同處境。因此，在書卷的開頭他就喚醒讀者注意這處境：「我——約翰就是你們的弟兄，和你們在耶穌的患難、國度、忍耐裏一同有分……」(一9),所以他向當時的亞細亞七教會宣講的,不單是二至三章的七段信息,而是整卷的啟示錄(一4、11);信徒正處於終末的形勢,歷史的終結直接衝擊著他們。

約翰跟他的讀者明顯地處於同一個時代,這意味他不單可以更明晰地針對他們的實況,並且也更具體、更細緻——要是跟那些假託古人名義的天啟作品相比。這就把我們引進啟示錄的第三種文學類型:書信。

啟示錄是傳閱書信

整卷啟示錄是一封寫給七所具名教會的傳閱書信:以弗所、士每拿、別迦摩、推雅推喇、撒狄、非拉鐵非、老底嘉(一11;參一4,二十二16)。這次序也許就是信差送信的次序,他從拔摩出發,循着圓圈的路線在亞細亞省輪流探訪他們。許多對啟示錄的誤解(其中一種,是以為書中大部分的資料都不是寫給第一世紀的信徒,只能為後世所理解的),都是由於忽略了一個事實:這是一封書信。

書信作為一種文學類型,其特性在於有一個特定的對象,作者可以按自己的意願具體地針對收信人的處境。其他大多數的文學類型對讀者的界定,原則上要模糊得多,任何一個預計中會讀著那作品的都是讀者。當然,除了收信人之外,其他人也可能對書信產生興趣，重視它們的價值，這就是為甚麼某些使徒的書信（如保羅的），會在原來收信的教會輾轉流傳到其他教會，並且最後成了新約正典的一部分。寫信的如保羅，也許都**期望**信件能傳至收信人以外的讀者手上（參西四16）。即或如此，這些讀者仍然不是真正的寫信對象，書信的內容愈具體地涉及收信人的問題和處境，其他讀者就愈加須要用一種客觀的態度閱讀：這信不是給自己的，是給別人的。這卻不一定削減了書信對非收信人的閱讀價值，譬如說，哥林多前書就非常具體地處理當時哥林多教會的困難，但它對其他讀者的價值，卻是毋庸置疑的。這些讀者考慮到這是寫給哥林多的教會，在閱讀時就有恰當的態度。這封信也可以是對著他們說的：當讀者面對着原來收信人處境當中的某些情況，這封信就是對他們說的了。

通常，一封傳閱的信不及一封寫給單一的收信羣體那麼具體。只要拿以弗所書（很可能原本是一封給多個教會傳閱的信）或彼得前書，跟保羅寫給個別教會的信件相比較，就可看出其中的分別。在啟示錄裏，約翰卻採用了一種明顯是原創的方法，來撰寫一封傳閱的信；他盡量針對每一個教會的情況。書中大部分的信息都是向著所有教會說的，卻附以引言——基督給七教會七段連續的信息（二至三章）。每一段信息，都跟約翰所熟知的個別教會的處境有著具體的關係，從中可見，七所教會都很不一樣；她們各自面對著不同的難題，對相同的難題反應也不一樣。基督個別地對每一所教會説話，但這七段信息也非獨立自足的，因為每一段都是全書的引言。

七段信息是全書的引言，這可以從每段信息的結語中給得勝者的承諾看得出來。基督答應把終末的拯救賜給「得勝的」（二7、11、17、26～28，三5、12、21）。對這些不同處境的教會，基督呼召她們要得勝，但是得勝的意義是甚麼沒有解釋，只能從下文確定。得勝者在書的下文出現，顯示了他們要勝過的是甚麼，他們的勝利包括甚麼內容。然後，那在七段信息中出現過的公式：給得勝者的承諾，就只在新耶路撒冷的視象中重現僅僅一次（二十一7）。是以，在二至三章中對七所教會信徒的呼召，乃是呼召他們來參與所描述的終末戰爭，以致進入書末所記的預定的終末結局。換句話説，全書是關乎七所教會的基督徒，如何藉勝過各個教會所處的獨特情況，進入新耶路撒冷。整本啟示錄解釋了這是一場怎樣的戰爭，怎樣才可以得勝；而給各個教會的七段信息，就是要提醒她們各自在整場戰役中的特殊性。

因此，七段信息分別為全書提供了七個不一樣的引言。雖然（也當然），七所教會都活在一更廣闊的共同處境底下，約翰卻設計了這本書，使得它可以與眾不同地從七個明顯不同的角度來閱讀。在二至三章之後的信息，雖然再沒有針對個別教會，卻是針對公元第一世紀末羅馬帝國的基督教教會共同的處境。這樣的設計使約翰能適當地將全書置於七種不同的閱讀背景之中，並能把這些背景融入全書其餘部分更廣闊的角度裏；在這層面，約翰不單關注羅馬帝國對世界的暴政，更關注神與邪惡之間的宇宙性衝突，以及神為祂所造的世界所定的終末旨意。如此，他讓七所教會的基督徒看見他們本土處境中的問題，跟神對抗邪惡的宇宙性戰爭和祂建立自己國度的終末性旨意有何關係；並且必須從這一宇宙性戰爭和終末性旨意的角度下來了解自己的問題。

約翰小心地、明顯地把信息置於七個具體的處境中，這使得我們免於一種常見的歸納，以為啟示錄是用來安慰鼓勵受迫害的基督徒的，為向他們保證：迫害他們的將受審判，他們最終必定沉冤得雪。這種歸納是那麼的普遍，常為人不加判別地接受，原因很可能在於這也是對天啟文學的普遍看法。[10]我們不必在此討論一般天啟文學能給予受迫害者多少的安慰，因為就啟示錄而言，我們可以從七段信息中清楚看見，安慰受壓迫的信徒只是七教會的眾多需要之一。信息表明，約翰是針對在他看來是完全不同的處境。他的讀者不盡是貧窮的、為壓迫制度所迫害，許多是富裕的，跟強權妥協。對後者他沒有絲毫安慰或鼓勵，反之卻提出嚴厲的警告，呼召悔改。對於這些基督徒，全書其餘部分所出現的繪形繪聲的審判，與其說是他們敵人將要遭受的審判，不如說是他們自己將要遭的禍，因為拜獸的行為已不只是異教鄰舍的所為了。約翰的基督徒讀者之中，許多被誘惑去拜獸，或正在這樣做，或甚至(如果他們聽從，譬如說，推雅推喇的先知耶洗別)合理化這種行動。究竟約翰的視象帶來的是安慰和鼓勵，抑或警告和痛苦的挑戰，全在於讀者屬於七信息所描繪的哪一個基督徒羣體。再者，我們將會在本書第四章看到，七信息中給眾教會的呼召：「得勝」；那超越了安慰和警告的層面。這呼召要求基督徒見證神和祂的公義，七信息中的安慰和警告，也就是為了預備他們作見證而安排的。

一旦我們全然確認了七信息對七教會的特殊意義，就可以問：約翰的思想中有沒有其他讀者？為甚麼他寫給**七**所教會？這七所教會總不會是亞細亞省內的全部教會，而約翰也一定期望他的著作可以從這七所教會傳遞給同區的其他教會，甚至更遙遠的地方。看來，在約翰的思想中，他的預言是整個聖經先知傳統的最終高峯，這背後的權威意味著啟示錄對所有基督教教會都是相干的，而這也必定是「七」這數字所指向的意義。我們在本書將經常察看啟示錄中數字的象徵意義。七是完全的數字，[11]約翰寫信給七所教會，顯明他是寫給**代表所有**教會的七所具體的教會。這結論可以在七信息每段的重複句——呼籲讀者留意預言的句子——得到證實：「聖靈向眾教會所說的話，凡有耳的，就應當聽」(二7、11、17、29，三6、13、22)，看來是邀請所有讀者一同聆聽給七所教會的每一段信息。這並沒有減弱那對個別教會所發的信息的特殊性，個別的信息針對個別的教會。這正表明，正正是針對現實教會多樣不一的特殊處境，啟示錄乃寫給那多樣不一處境的**代表**。這七所教會的處境差異甚大，足以概括一世紀末葉的基督教教會的情況，任何一所教會，都可以在一個或多個信息中找到類比，從而發現整卷書都跟自己相關；處於歷史上較後時期的教會，若對轉變中的歷史場景作出一番必要的調節後，也同樣可以在其中找到類比。

了解形象

我們已經看過，啟示錄的視覺形象非比尋常地豐富，足以創造一個供讀者進入的符號世界，由此轉化他們的世界觀。要了解這一點的重要，我們必須記得，啟示錄的讀者都住在亞細亞省的大城市，經常面對那展示羅馬世界觀的強力形象：城市和宗教的建築、圖像、雕像、禮儀和節期，甚至神廟中經巧妙設計的「神蹟」(參啟十三13～14)[12]，無一不為羅馬帝國的勢力和異教的威榮展示了強而有力的視覺印象。[13]在這場景下，啟示錄提供了一套基督教先知的抗衡形象，在讀者的腦海中刻劃一個不同的世界觀：就是第四章約翰被提到天上以後所見的樣子。全書的視覺力量起著一種淨化基督徒想像力的作用，用一另類有關世界的現在和將來的視象，來刷新他們的想像。舉個例子，讀者在十七章中看到約翰描繪的女人的視象，第一眼看去，她好像滿有榮光的羅馬女神，是羅馬文化絕美的化身，正如她在亞細亞省多個城市中為人在眾多神廟所膜拜。[14]但在約翰看來，她是羅馬的娼婦、引誘人的妓女和詭詐的女巫，她的財富與光榮代表著她那不體面勾當的得益。在相當程度上，聖經中皇后耶洗別的形象，也強化了這形象的色彩。這樣，讀者就看得見羅馬的真面目——道德敗壞；他們慣常在城中所見的宣傳者迷惑人的形象，背後的面目乃是如此。

必須清楚的是，啟示錄中的形象是帶有感召能力的符號，邀請讀者以其想像力參與書中的符號世界，這些形象的作用，卻不僅僅在於用文字來作畫；書中緊密的文學結構通常是了解它們的關鍵。首先，全書佈局精密得叫人吃驚，這創造了一個複雜的文學網絡：對照、排比、襯托，告訴了讀者部分跟整體的意義。自然，讀者不會在第一次或第七次，又或第十七次閱讀時注意到這一切，這些不過是啟示錄採用的眾多方法之一，讓讀者透過仔細的研讀，陸續發掘其中豐富的意義。其次，我們已經看過，啟示錄充滿著舊約的文字引喻，在傳遞意義上，這些不是無關重要的手段，而是必要的方法。若忽略了某些重要的引喻，形象的意義就要大打折扣。但正如文學的佈局，約翰清晰而又巧妙地用舊約的引喻創造了一個寶庫，只有透過不斷的細味，才能領會其中的意義。這些舊約引喻經常假設讀者熟知舊約的背景，以及在啟示錄表面的文字底下所隱含的舊約經文的種種關連。要是我們奇怪，亞細亞教會一個普通的基督徒怎麼能明白這個，那我們就應當記得，這些教會大部分都帶有強烈的猶太色彩，因此他們對舊約熟悉的程度，遠比當今受過良好教育的基督徒為高。我們也應當記得教會中那羣基督徒先知(參二十二9、16)，他們很可能已經仔細研究、理解和闡釋過約翰的預言，像他們對舊約的預言那樣，給予一份學術性的關注。

啟示錄的形象不單充滿舊約引喻，也回應了當時代的神話形象，古蛇(或龍)就是一個好例子。啟示錄用古蛇來象徵撒但——世界遠古的邪惡根源(十二3～9)，這有深遠的聖經根源(創三14～15；賽二十七1)，而這正是啟示錄想要喚起的；同時，這符號也在當時代的讀者心中產生了廣泛的文化回響，因為在異教的神話和宗教中，這符號是那麼的突出。[15]另一個同時代引喻的例子，就是來自東方的大軍(九13～19，十六12)。在此約翰援用了公元第一世紀裏羅馬帝國非常真實的政治恐懼，當時，舉國皆感受到帕提亞帝國(Parthian Empire)入侵的威脅。這引喻的色彩跟冷戰時期歐洲諸國恐懼東方俄羅斯入侵，那種害怕被殘酷的外國文化所征服的心情是一致的（儘管對於某些羅馬的東方臣民來說，這卻意味著從羅馬的壓迫下得解放）。啟示錄描述東方的諸王聯同那「先前有，如今沒有，將要從無底坑上來的獸」（十七8；譯按：譯文跟和合本稍有出入）進軍帝國，這就回應了約翰那時代的神話：有一天，尼祿皇帝——有人記得他是鄙陋的暴君，也有人將他設想為救主的形象——要坐在帕提亞羣眾的頭上，回來征服羅馬。[16]就是以這樣的形式，約翰的形象回應並利用了那時代的歷史、恐懼、盼望、想像和神話，以之轉化為表達基督教先知意義的元素。

是以，若把啟示錄的形象了解為非時間的符號，就犯了嚴重的錯誤。這些符號的特性受制於啟示錄的本質，它是一封寫給亞細亞七教會的信。今天，若要應用這些符號的意義，就先要了解它們對第一代讀者在當時特殊的社會、政治、文化及宗教的處境裏，所產生的共鳴。這些符號不是要創造一純粹自足的藝術世界，對外在世界毫無指涉，而是要跟讀者生活的世界發生關連，好能改革和調校他們對世界的回應。然而，既然這些形象並不是非時間的符號，而是跟「真實」的世界相關的，那麼，我們就要避免相反的錯誤，過分地著重字面的意義，以為是描述「真實」的世界，講述「真實」世界裏將要發生的事件。這些符號不是一套密碼，有待譯成具體的人和事。一旦我們了解並欣賞這些符號的來源以及其豐富的聯想性意義，我們就會明白：不可把它們當作是字面的描述，也不可把它們當作是編了碼的文字來閱讀，而應當從中尋找其神學意義，以及其引發回應的力量。

舉個例子，試想想七號（八6～九21）和七碗（十六1～21）有關災難的描述，它們構成一個緊密的文學模式，這文學模式本身就富有意義。它們叫人想起：出埃及時在埃及的災難、耶利哥城在約書亞軍兵面前倒塌、約珥書所描述的蝗蟲軍隊、西乃山的神聖顯現、對帕提亞騎兵入侵的當代恐慌、小亞細亞城市經常發生的地震，以及（極有可能地）在不久之前爆發的維斯蘇里火山，它驚嚇了地中海一帶；這些都不過是部分可能的聯想。[17]約翰用上了他那時代最壞的經驗，以及對戰爭和自然災害最嚇人的恐懼，注入了天啟意義，以聖經引喻的文詞來鑄造，使之成為一卷書，目的並非在於預測一連串將要發生的事，而在於喚起和發掘那即將臨到罪惡世界的神聖審判的意義。

巴比倫在前所未有的劇烈地震底下覆亡，這是七碗中最後的一碗（十六17～21），如果我們照著字面預測巴比倫的命運，則很快就會發現，其後關於巴比倫傾覆的形象跟這互不相符；在十七章16節，巴比倫被描繪為一淫婦，被獸和十王剝去衣服、吞吃，用火焚燒。在此，傳統那種對淫婦的懲罰重疊在另一個形象之上——一個被軍隊洗劫一空、夷為平地的城市。第十八章把這被圍攻、焚毀的城市形象進一步發揮(參特別是十八8：「災殃……饑荒……被火燒盡」)，經文也告訴我們城市的所在成了沙漠野獸的居所(十八2)、焚燒的煙不斷往上冒，永永遠遠(十九3)。在字面層面上，這些形象彼此不大相符，但在神學意義的層面上，這些形象就借助了舊約的引喻和當代的神話，為巴比倫傾倒一事提供了互相補充的觀點。十六章17至21節的地震，緊接著聖潔之神的顯現，祂要來施行最後的審判。巴比倫被獸和其同盟劫掠，就跟當代傳說尼祿必要回來毀滅羅馬的神話相似；這形象表達了邪惡自毀的本質，在神學層面上，這跟邪惡必遭神親自審判消滅的概念並不一致，倒是從另一個角度去看這件事。十七章16節的火在十八章成了神審判的火，比照舊約中的典型事例即為所多瑪和俄摩拉的毀滅；巴比倫的煙永遠往上升，就如天啟文學中，所多瑪沒入永恆的硫磺火湖中(參創十九28；啟十四10～11，十九20)。巴比倫變成荒涼之地，成了沙漠野獸的巢穴，叫人想起舊約對以東和巴比倫的命途所作的先知式描繪；在舊約大多數的預言中，這兩者都是神子民的頭號敵人。所有這一切的形象——在這些聖經章節中還有更多——構成一奇特多變但統一的聯想，就是想到約翰針對羅馬所預言的審判，其中所包含的聖經和神學的意義。但是，如果我們把這預言視為對審判出現方式的預測，那麼，我們就把這些搞糊塗了，錯過了真正的重點。

也許毋須冗述，筆者要指出的是，如果現代讀者想要掌握啟示錄的神學意義，就必須仔細和恰當地研究內中的形象。許多對啟示錄的誤解，都是由於誤解了形象的特性，以及其傳遞信息的方式，就是那些很細心很有學問的現代學者，也會犯上這個錯誤。在這本書裏，我們特別需要強調，約翰如何把使用形象的文學手法發展成一獨特的神學思想和溝通的形式，因為啟示錄所包含的神學論述或論證，跟新約讀者所熟悉的那一類(比方說，跟保羅書信的)很不一樣，所以不應看它僅是深度神學反省的作品。相較於保羅書信相當抽象的概念性論證，啟示錄中的形象絕對不是含糊或印象式的表達手法。形象既可相當準確地傳遞意義，又可藉廣濶的聯想，將豐富的意義收入短小的篇幅之中。啟示錄的神學所用的方法和概念性，相對地跟新約其他書卷不同，但一旦能夠欣賞其本身，就會發現啟示錄不單是新約最佳美的文學作品之一，也是初期基督教其中一項最大的神學成就。再者，文學的偉大跟神學的偉大，根本不能分割。

1 巴比倫：賽十三1～十四23，二十一1～10，四十七章；耶二十五12～38，五十～五十一章。泰爾：賽二十三章；結二十六～二十八章。關此，以及其他許多啟示錄引用舊約的問題，我是得益自J. FekkesIII的重要著作：'Isaiah and Prophetic Traditions in the Book of Revelation: Visionary Antecedents and their Development' (Ph.D. thesis, University of Manchester, 1988)。

2 J. J. Collins, 'Introduction: Towards the Morphology of a Genre', *Semeia* 14(1979), 9.

3 特別參C. Rowland, *The Open Heaven* (London. SPCK, 1982).

4 關於啟示錄中的猶太天啟傳統，可參 R. Bauckham, *Resurrection as Giving Back the Dead: A Traditional Image of Resurrection in the Pseudepigrapha and the Apocalypse of John*, 出版中，載J. H. Charlesworth and C. A. Evans編，*The Pseudepigrapha and the New Testament: Comparative Studies*（曾刊登於*Journal for the Study of the Pseudepigrepha* Supplement Series; Sheffield Academic Press, 1992)；及載於R. Bauckham, *The Climax of Prophecy: Studies in the Book of Revelation* (Edinburgh: T. & T. Clark, 1992), chapter 2 ('The Use of Apocalyptic Traditions')。

5 見D. L. Barr, 'The Apocalypse as a Symbolic Transformation of the World: A Literary Analysis', *Int.* 38 (1984), 39～50。

6 見，如R. Bauckham, 'The Rise of Apocalyptic', *Them.* 3/2 (1978), 10～23；Rowland, *Open Heaven*, 126～135。

7 見D. L. Barr, 'The Apocalypse of John as Oral Enactment', *Int.* 40 (1986), 243～256。

8 見，如D. S. Russell, *The Method and Message of Jewish Apocalyptic* (London: SCM Press, 1964), 127～139；Rowland, *Open Heaven,* 240～245；D. G. Meade, *Pseudonymity and Canon* (WUNT39; Tubingen: Mohr〔Siebeck〕, 1986, chapter 4。

9 G. K. Beale, *The Use of Daniel in Jewish Apocalyptic Literature and in the Revelation of St John* (Lanham, New York and London: University of America Press, 1984)

10 如Russell, *Method and Message,* 17.

11 注意穆拉多利經目(Muratorian Canon)宣稱約翰(在啟示錄)和保羅寫給七所教會，實際上乃寫給**所有**教會。

12 S. J. Scherrer, 'Signs and Wonders in the Imperial Cult: A New Look at a Roman Religious Institution in the Light of Rev13:13～15', *JBL* 103 (1984), 599～610。

13 見 P. J. J. Botha, 'God, Emperor Worship and Society: Contemporary Experiences and the Book of Revelation', *Neot.* 22 (1988), 87～102。

14 參D. Magie, *Roman Rule in Asia Minor to the End of the Third Century after Christ* (Princeton University Press, 1950), 1613～1614；S. R. F. Price, *Rituals, and Power: The Roman Imperial Cult in Asia Minor* (Cambridge University Press, 1984), 40～43, 252, 254；R. Mellor, *ΘEA PωMH : The Worship of the Coddess Roma in the Greek World* (Hypomnemata 42; Göttingen: Vandenhoeck & Ruprecht, 1975), 79～82。

15 R. Bauckham, 'The Figurae of John of Patmos'，載Ann Williams 編，*Prophecy and Miilenarianism: Essays in Honour of Marjorie Reeves* (London: Longman,1980), 116～121；修訂版載

Bauckham, *The Climax of Prophecy*, chapter 6 ('The Lion, the Lamb and the Dragon')。

16 見Bauckham, *The Climax of Prophecy*, chapter 11 ('Nero and the Beast')。

17 關於這些引喻及其註釋，見J. M. Court, *Myth and History in the Book of Revelation* (London: SPCK, 1979), chapter 3; R. Bauckham, 'The Eschatological Eachatological Earthquake in the Apocalypse of John', *Novum Testamentum* 19 (1977), 224～233, 即Bauckham, *The Climax of Prophecy*, chapter 7 ('The Eschatological Earthquake')。

第二章

那位今在、昔在、以後要來的

啟示錄的神學強烈地以神為中心，這一點跟其突出的神觀，是啟示錄對新約神學的最大貢獻。研究啟示錄必須從神開始，並應恆常地且最終返回神自身。

神聖的三一

差不多一開始約翰就在書中以三重詞彙來描繪神聖者：

> 但願從那昔在、今在、以後要來的，
> 和他寶座前的七靈，
> 並那誠實作見證的、從死裏首先復活、為世上君王元首的耶穌基督，
> 有恩惠、平安歸與你們！
> (一4下～5上；譯按：譯文跟和合本稍有出入)

這些字句是4至5節信件起首格式的一部分。在古代信件中，表明寫信人及收信人後，就有「問安」的句子，這在猶太人的書信中即以願神的祝福臨到收信人的方式出現。初期基督教習慣賦之以基督教的特色，就是指明祝福的神聖源頭——神和耶穌基督。在保羅書信的標準格式是「願恩惠、平安從我們的父神和主耶穌基督歸與你們」(如羅一7；林前一3；林後一2；加一3；弗一2)。這格式有相當重要的神學意義，因為它把

耶穌基督置於神聖的一邊，這神聖的一邊有神在其中，祂是福氣的賜予者，不同於領受福氣的受造者。這顯示出初期基督徒是怎樣毫不疑惑地接受耶穌在神聖的一邊，因為祂是上帝賜給人類拯救的根源，雖然他們沒用上存有論的詞彙來概念化耶穌跟神的關係。

約翰的信件開頭部分在眾多初期基督教的信件中很是獨特，他賦予標準問安格式以「三一」的特性；其他初期基督教文獻也有「三一」的格式，甚至有用在信件開頭的（如彼前一2），但約翰問安中的「三一」格式卻很獨特。很可能約翰把標準的格式（「願恩惠、平安從我們的父神和主耶穌基督歸與你們」）進行了原創性的改造。這可從下述事實得到支持：在啟示錄的其他部分，約翰也改寫了格式，以他對神和耶穌基督的獨一無二的描述，代替「我們的父神」和「主耶穌基督」這兩個片語。這一切都表明了，約翰曾經對基督教的神觀作過創造性的反省，這一點在全書其他許多地方都可得到印證。約翰絕對沒有不假思索地採用初期基督教對神、基督和（聖）靈的習用表達，倒是鑄造了自己獨特格式的上帝語言（God-language），當然，也不是**全新的**（*de novo*）語言，而是創意地運用了猶太和猶太基督徒的傳統。約翰的作品是對神認知高度反思的成果，任何討論啟示錄的神學的，都必須首先考慮其對神聖者出色獨特的表達，正如啟示錄本身就最著重對神聖者的描述一樣。

約翰在一章4節下至5節上對問安作出原創性的改動，強烈地顯示出他對神聖者的了解乃是經過深思熟慮的「三一」觀。這裏把「三一」加上引號當然只在於提醒我們，不可把教父那種三一論的獨特了解(這後來成了基督教傳統的規範)歸於約翰。在本書其後兩章我們將看到，約翰之所以把神聖者了解為三一的，其神學關注基本上跟教父之所以發展出三一教義的原由是相一致的，這關注就是，要把耶穌和(聖)靈也包括在猶太的獨一神的信仰中。然而，我們必須用約翰自己的措詞來了解他對這個問題的關注。當然，要描述和分析約翰對神的了解，若不用上他自己沒有用過的語言，幾乎是不可能的。上面說過約翰的「三一」觀，我說是對「神聖者」，沒說是對「神」，因為他自己就跟大多初期基督教作者一樣，把「神」字限用在耶穌基督的父神身上，就是那位，在啟示錄他稱為「那位今在、昔在，以後要來的」。但「神聖者」仍很難叫人滿意。約翰並無可用的詞彙，等同於後人對神聖本性(這本性為三個神聖位格所共享者)的三一論述。可是，若不說明耶穌基督和聖靈(在這裏由「七靈」象徵)[1]在某意義下也被包括在神聖實在之內，那就沒有恰當地對待約翰所寫的著作了。

約翰在一章4節下至5節上那麼突出表達其對神聖者的「三一的」了解，這即可證明，我們使用三一的結構來掌握啟示錄神學的主要部分（本書第二至五章），是有道理的。沒有一個結構可以叫人完全滿意，只是這一個至少符合啟示錄神學的主要特色；但為了方便講解，我們會依著這個次序：神、基督、（聖）靈（而非一章4節下至5節的次序）。

阿拉法與俄梅戛

啟示錄的序以神聖者的自我宣稱結束：

> 主神——全能者說：「我是阿拉法，我是俄梅戛。」
> 祂是昔在、今在、以後要來的。
> （一8；譯按：譯文跟和合本稍有出入）

啟示錄有四個重要的神的稱號，這一置於策略性位置的經節，包含了其中的三個：「阿拉法與俄梅戛」、「主神——全能者」（the Lord God Almighty）、「昔在、今在、以後要來的」。其突出性不單因為緊接著的是約翰視象敘述（一9～二十二6）的開始，而亦在於這是啟示錄中神兩次親自說話的其中一次。這是第一次，第二次（二十一5～8）包括了同樣的神聖自我宣告：「我是阿拉法，我是俄梅戛；我是初，我是終。」（二十一6）

但是，這兩次的神聖自我宣告，卻是對應耶穌基督的兩次自我宣告，格式如下：

神　：我是阿拉法，我是俄梅戛。(一8)
基督：我是初，我是終。(一17)
神　：我是阿拉法，我是俄梅戛；我是初，我是終。(二十一6)
基督：我是阿拉法，我是俄梅戛；我是首先的，我是末後的；我是初，我是終。(二十二13)

在下一章中我們會討論這格式的全面意義，以及啟示錄中神自稱的名稱同樣為基督所自稱，這一明顯的事實究有何意義。在本章中，我們暫且將討論限於對神的稱謂上。比較四段經文，可以看見三個片語——阿拉法與俄梅戛、初與終、首先的與末後的——很有可能被視為相同意義的。因為阿拉法與俄梅戛是希臘文首個和末個字母，是以不難看見，「阿拉法和俄梅戛」的意義就等於「初與終」的意義，也等於「首先的與末後的」。這格式也顯示出；如果把這三個片語當作是等同的，那麼啟示錄中就出現了七次神和基督這樣的自我宣稱(二8中的「首先和末後的」是額外的，乃回應一17，故不算在內)。這個次數不像是巧合的，因為我們將會看到，啟示錄中三個對神重要的稱謂，另外兩個亦都出現七次。啟示錄中數字的格式都有神學意義。七是完全的數字，正如遍佈全書的七重福氣(一3，十四13，十六15，十九9，二十6，二十二7、14），乃在表示充充滿滿的福氣要臨到那些忠心順服啟示錄信息的讀者或聽眾身上，一個重要的神聖名號出現七次，就是表示這名號所指涉的神聖存有（the divine being）乃圓滿無缺的。如此，約翰把神學的意義寫進了他那精緻的文學作品中的每一細節之內。

在格式上，「首先的與末後的」這名稱出自以賽亞書，其出現跟啟示錄一樣，是神聖的自我宣稱：「我是首先的，我是末後的；除我以外再沒有真神」（賽四十四6）；「我是耶和華，我是首先的，也是末後的」（賽四十八12；亦參四十一4）。這些名稱包含了對以色列之神的了解：神是獨一的創造者，也是歷史最高的主宰，在這些以賽亞的篇章中（現在稱為第二以賽亞），第二以賽亞對此作過莊嚴的發揮與肯斷，以對抗巴比倫的偶像。這神不像人手所造的眾神明，是完全無可比擬的那一位，萬民要臣服其下，無人能夠阻撓其旨意的成就（參賽四十12～26）。正正是這一排斥性的獨一神的信仰決定了啟示錄的先知式視野，由此即可看見「阿拉法與俄梅戛」這名稱的獨特重要性。神先於萬有，為萬有的創造者，祂會把萬有帶往終末的完成；祂是一切歷史的起源和終局；祂最先發言，創造了天地，也最後發言，創造新天地。是以，在約翰的文學結構中，祂曾兩次說話，宣稱自己為阿拉法與俄梅戛，第一次在約翰所見的視象之前（一8），最後一次，就在祂宣告對一切受造物終末旨意完成之時：「都成了」(二十一6)。

「初與終」這格式，曾用在希臘哲學傳統中，指那至高神的永恆性，後為猶太作者如約瑟夫(Josephus)等取用；他稱神為「萬有的初與終」(*Ant.* 8.280；參Philo, *Plant.* 93)。約翰把「阿拉法與俄梅戛」排在首位，先於其他兩個同義的片語，可能是因為他將前者跟神聖之名連繫起來。神在聖經中的名字YHWH有時發音為Yâhôh，希臘文(無子音'h')音譯拼寫是IAω (Iota, Alpha, Omega)。[2]在猶太神學就其對神聖之名的思想脈絡中，這樣的格式的希臘名字，即首字母和末字母的出現，或意味著名字本身即包含了神乃首先和末後的深意。下一個我們要討論的神聖稱謂(同樣出現在一章8節)毫無疑問地正是要解釋這名字的意義，這一點就使得我們更為確定上述關連的可能性。

那位今在、昔在和以後要來的

神的這個稱謂出現了五次之多，頗有變化。

一4　那位今在、昔在和以後要來的
一8　那位今在、昔在和以後要來的
四8　那位昔在、今在和以後要來的
十一17 那位今在和昔在的

十六5　那位今在和昔在的
(譯按：譯文跟和合本稍有出入)

這裏再一次出現數字的格式，大概是由於作者有意的安排：有三個時態的格式用上了三次，兩個時態的格式用上了兩次。

這稱謂是對神聖之名YHWH的解釋。在舊約本身，只在出埃及記三章14節出現過這名字的解釋。在經文中這動詞跟動詞「是」(‘to be’)有關，先是以謎一般的片語——：「我是我所是」(I am who I am)來解釋(「我是我所是」或作「我將是那位我將是的」〔I will be who I will be，即 *’ehyeh ’ašer ’ehyeh*〕)，然後就以簡單的「我是」(I am, *’ehyeh*)來解釋。後期猶太人的解釋認為這些是關乎神聖的永恆性的陳述句子。是以，斐洛(Philo, *Mos.* 1.75)把神聖之名了解為「那位常存的」(the one who is, *ho ōn*)，表達了希羅哲學式的了解，神聖的永恆性乃非時間的存有。除此之外，我們也可以以過去、現在和將來的存在來解析神聖之名的意義，巴勒斯坦的他爾根(Targum；譯按：舊約亞蘭文註釋，託名約拿單所著)就以這種方式來翻譯神聖之名：「我是那位昔在和將要在的」(I am who I was and will be，見出三14)或「我是那位今在和昔在，我也是那位將要在的」(I am who is and who was, and I am who I will be，見出三14；亦參Sibylline Oracle

3:16）。這些格式以三種時態來肯斷存在，在哲學中也被用來形容希臘神明或那位至高神，[3]而這種用法也很可能對猶太人解釋這神聖之名有過相當的影響，但啟示錄的解釋則必定是直接依據猶太人的。

約翰在一章4節和8節（*ho ōn kai ho ēn kai ho erchomenos*；譯按：「那位昔在、今在和以後要來的」）所用的格式，表明了他認同他爾根的了解：給予神當今存在有優先性。但他卻明顯地偏離了原來的三重格式，無論跟猶太或希臘的版本都很不同：在三重格式的第三個片語，約翰沒有用上「是」（'to be'）的將來式動詞，而用了「來臨」（'to come'）的現在分詞（'the one who is coming'，「那位來臨中的」），其意義就等於「將來」，這是真的，就是在英語也是如此。故此，舉個例子，「要來的世代」（the age to come）或「來臨中的世代」（the coming age, *ho aiōn ho erchomenos*）就意謂「將來的世代」（the future age）。但約翰利用了這個手法來描繪神的將來：不僅是祂將來的存在，並且是祂將要在拯救和審判中臨到世界。肯定無疑的是，約翰腦海裏充滿許多舊約預言式的經文，當中宣告神將要「來臨」，施行拯救和審判（如詩九十六13，九十八9；賽四十10，六十六15；亞十四5），初期基督徒都明白這是指著神終末的臨到，以完成祂對世界最終的旨意說的，他們把這一來臨等同耶穌基督的再臨（parousia）。

這一解釋可在十一章17節和十六章5節得到印證。這兩節經文使用省略式的稱謂：「那位今在和昔在的」。經文所處的時機正是視象中神終末的來臨正在發生之時，不再是將來；而詩歌用上了這一個稱謂，正是為著神正在實現祂終末的旨意而讚美祂，十一章17節尤其清楚：「我們感謝你，主神——全能者，今在昔在的那一位，因你執掌大權作王了。」(譯按：與和合本稍有出入) 神的來臨正是實現祂對世界終末的統治，因而，神稱謂中的將來元素，必須被感恩的元素所取代，因為神的統治已然開始。

是以，約翰對神聖之名的解釋，並非一種抽離世界只屬神自身之內的永恆性，卻是一種跟世界相關的永恆性。這是聖經的神，祂選擇臨到祂的受造物，作為祂自己的將來，而祂的受造物也可以在祂裏面找到自己的將來 (參二十一3)。再者，這樣子解釋神聖之名，明顯是承接著出埃及記三章14節的意義，這節經文極可能並非指到神純粹在其自身之內的自我存在，反而應該指到神的委身：祂要在祂的歷史中跟祂的子民同在。約翰很有特色地把這早期的以色列信仰——相信神在歷史上向祂子民的信實——發展至一終末的信仰：相信神要在終末的來臨把萬有帶領進入祂永恆的將來，達至圓滿。

主神——全能者

這一稱謂在啟示錄出現了七次（一8，四8，十一17，十五3，十六7，十九6，二十一22），其中四次若非緊緊先於（一8，四8，十一17；譯按：和合本十一17之稱謂次序跟原文剛好相反），就是緊緊後於（十六5～7）先前剛討論過的稱謂。較短的「神全能者」出現過兩次（十六14，十九15），使得完整的片語在全書出現的次數，不超過七這個重要的數目。

這個稱謂亦跟神聖之名有關連，因為這是神聖之名的擴展格式的標準翻譯，這擴展格式乃是 *YHWH ’^{e}lōhē (haṣ)ṣ^{e}bā’ōt*（主，萬軍之神）（如撒下五10；耶五14；何十二5；摩三13，四13）。約翰亦以之（比較啟四8跟賽六3即可知）等同短格式的*YHWH ṣ^{e}bā ’ōt*（「萬軍之主」），這稱謂在舊約先知書中十分普遍，因為它指出了耶和華無可匹敵、掌管萬有的權能，也同時表達了祂主宰著歷史事件的進程。約翰在啟示錄使用這個稱謂，證明他的確想要延續先知式對神的信仰。希臘文*pantokratōr*（「全能者」）一詞指的是神對萬有的實在管治，多於祂的抽象全能。

那位坐在寶座上的

這是啟示錄中四個對神重要稱謂中的最後一個。

這格式出現了七次（四9，五1、7、13，六16，七15，二十一5），也有稍作變化而使用的（四2、3，七10，十九4；參二十11）。除此，神在天上的寶座也經常被提及。這寶座是書中一個主要的符號，顯示了對神統管萬有的信靠於啟示錄的神學觀點，是何等重要。

寶座形象的重要性特別在四章開始浮現，那裏出現神聖至聖所的視象。在此之前，約翰看見復活的基督在地上與祂的子民同在（一9～三22），之後約翰被提到天上（四1），這就為整個預言提供了兩個起點：七教會的處境，這是基督給他們的信息所針對並顯示的，以及天上神主權的視象。後者使得約翰可以擴闊其讀者察看自己處境的眼界，因為約翰把他們的處境置於神克勝一切反對祂統治的勢力，以及神在地上建立祂的國度這一普世旨意的廣闊脈絡中。四章所見神的主權早已在天上被完全承認，這就奠定了神的主權為真正的實在，它至終必在地上興旺。在地上邪惡的權力挑戰神的角色，甚至偽裝成為統治萬有的最高權力，僭奪神權。然而，天上才是終極實在的領域：在天上為真的，在地上也必要成真。因此約翰被提到天上，好讓他看見神的寶座才是地上一切現象背後的終極實在。當他看見神在天上的主權，就能了解何以它在地上終必被承認。

神聖寶座的視象可追溯至舊約先知的傳統（參王上二十二19～23），這也是猶太天啟文學眾多作品的一個主要特色。[4]約翰在這個傳統裏寫作，特別是他的視象，更是在這個傳統裏；就如大多數的天啟視象，他借用了以賽亞書六章及以西結書一章中兩個關於神聖寶座的偉大先知式視象。約翰也跟猶太天啟文學的作者一樣，把寶座置於天上，天上活物不斷環繞敬拜。四章的內容，無一不可能是出自非基督教的猶太見視象者，只有在五章這一視象的延續中，啟示錄神學的獨特猶太**基督教**性格方才明顯；這一章引介了羔羊耶穌基督，他是要在地上實現神的統治的那一位，這將在本書下一章討論。當然，四章缺乏明顯的基督教特徵，並不減損其在啟示錄神學具有根本的重要性。正如新約其他書卷，啟示錄中的基督教信仰預設了猶太的獨一神論，把舊約和晚期猶太傳統中神觀的主要特色，納入了一由基督論所決定的特殊的神學發展之中，沒有舊約和晚期的猶太傳統，一切都不可解。基督論的發展是下一章所關注的內容，而我們目前的關注，是啟示錄中猶太獨一神論不可忽略的表達。

正如大多關乎神聖寶座的天啟視象，約翰並沒有就那位坐寶座者的外觀形象長篇大論，僅說神的外貌如寶石碧玉（四3；這是傳統說法的一種，以喚起天上形象的光輝）。約翰把焦點集中於寶座本身，以及寶座周圍發生的一切，以保全神那不可知的超越性。正是透過視象的這些特性，神可以被認識的一面就被表現出來。視象中最突出的是四活物和二十四長老的不斷敬拜。跟約翰有著同一信仰的讀者幾乎無可避免地被吸引進入這一幕敬拜的場景之中。這就提醒我們，對神的真知識跟敬拜神是不能分割的，四活物的歌和二十四長老的讚美詩表達了兩種對神最基本的覺識：覺察神那神祕的聖潔（四8；參賽六3）；以及意識到為生存一事對神全然的倚靠，那是一切受造物的本性（四11）。這兩種對神最基本的認識，不單需要透過敬拜來表達，並且，脫離了敬拜就不可能真正體驗到。

視象混合了崇拜和政治的形象。崇拜的形象很明顯，因為寶座之所在乃天上的至聖所（下文即明言：十一19，十五5～8），為地上聖殿的原型。活物（包含了以賽亞書的撒拉弗〔賽六2〕和以西結書的基路伯〔結一5～14〕兩者的特性）乃是兩個基路伯在天上的原型，基路伯在地上聖殿原來安在施恩座的兩頭（出二十五18～22）。他們都是天上的活物，在敬拜神之中他們完全實現自己的存在。他們在一切實在的核心中、環繞著寶座無休止地敬拜，代表一切實在那種以神為中心的本性，一切實在最終都是為榮耀神而存在。因此，這些活物是核心的敬拜者，他們的敬拜則為更廣闊的圈子所承接，這圈子不斷擴展，直至包括全宇宙一切的受造物（五13），四和五章即為這一擴展。在一切受造物對神和羔羊的敬拜中（五13），神對衪受造物的終末目的，已然流露而為一期盼。因此，很自然地，當終末的目標實現，那些以這目標為遠景而不斷表達受造物敬拜的天上活物，當會發出「阿們」(五14)。

值得注意的是，這敬拜的視象跟以人為中心的敬拜有著天淵之別。人總是天生傾向置自己於萬物的中心，但這視象把人類徹底地排出事物的中心之外。受造物的核心和其終末的目標，都是以神為中心的，在敬拜中朝向她的創造者。然而，即使在眾多的敬拜者當中，人類也不是最重要的。那帶領所有受造物敬拜的四活物，沒有被描繪為似人的個體，好像天使那樣常被描繪成人形；只有第三個活物有一張臉像人臉，其他活物則像獅子、牛犢和飛鷹。四活物各有六個翅膀，遍體內外都滿了眼，比一切受造物有屬天的優越(四6～8)。他們的作用是代表一切受造物敬拜，因而當敬拜的圈子不斷擴大，由人類而至於「天上、地上、地底下、滄海裏，和天地間一切所有被造之物」之時(五13)，他們的使命就完成了。

除了崇拜的形象，還有政治的形象。寶座之所在是神出令統治世界的地方。二十四「長老」——這是政治而非崇拜的用語——是天使般的個體，組成神聖議會(參賽二十四23；但七9；2 Enoch 4:1；T. Levi 3:8)。正如其寶座和冠冕所示(四4)，他們自己是統治者，代表神統治天上的世界。他們也敬拜，但值得留意的是他們敬禮的行動——摘下冠冕，放在神聖的寶座前(四10),藉此,作為一受造物(四11),他們承認自己的權柄全然從神而來;只有祂要被敬拜,因為祂是一切能力和權柄的來源。

把崇拜和政治形象結合起來,描繪神為那個要被承認的萬有根源和目標,這在天啟式視象中早已是傳統,但也跟啟示錄的宗教——政治處境有著很有意義的對應性。羅馬帝國像古代世界許多政權一樣,以宗教方式表現及宣傳其權力,其國家宗教以敬拜神化的君王和敬拜羅馬傳統的神明為特色,透過宗教敬拜表達對國家的忠誠。這樣,羅馬帝國就把自己的權力絕對化,宣稱自己擁有管治世界的終極、神聖主權,事實上這即在地上對抗約翰所見那在天上被承認的神聖主權(四章)。是以,神來臨中的國度必定為:由那坐在天上寶座者的真正神聖主權,取代羅馬在地上偽裝的神聖主權。明顯地,主權的衝突在啟示錄其餘部分經常以敬拜的形式呈現。羅馬僭奪神權,表現在獸的敬拜當中(如十三4、8、12),而神來臨中的國度則表現為對神的普世敬拜(十五4;參十九5~6)。在主權的衝突中,敬拜獸者與敬拜神者劃清界線。由七至十九章,神每一階段的勝利都伴以天上的敬拜。約翰對其讀者所在世界的權力結構,進行先知式的審視,其基本即在真與假的敬拜。最後,啟示錄一書要講的就是四章描繪的:對獨一神專一的敬拜是不能跟任何種類的偶像崇拜相比的——無論是政治的、社會的或經濟的偶像崇拜——一切更狹窄的宗教偶像崇拜都離不開這三者。

對羅馬權力的批判

我們已經指出啟示錄四章神的視象如何對應約翰在啟示錄所針對的宗教——政治處境。在此先中斷對四章的討論，簡略地勾劃一下啟示錄所描述的那個處境，這將是有益的。啟示錄中的神學極為處境性，四章的視象所針對的問題是：神是誰？這跟約翰讀者所處的世界有著密切的關係。這並非說處境決定了人對神的了解，因為我們同樣可以說，約翰對神的了解決定了他作為先知如何了解處境。然而，如果我們要全面認識神和羅馬的權力，就需要明白啟示錄的神觀及其對羅馬權力的批判，二者之間的關連。

我們的問題是：約翰既是先知，在他眼中的羅馬帝國是如何的？啟示錄本身就不容許中立，要就是認同羅馬的意識形態，認同她宣傳的帝國觀點；要就是從天上的角度來看，戳破羅馬虛假的面具。啟示錄描繪的羅馬帝國乃一極其壓迫的制度，靠暴力和壓制來維繫。這制度同時是政治專制和經濟剝削的。有兩個主要的符號用來代表羅馬帝國的不同面貌：海獸(「獸」，特別是十三章和十七章)，以及巴比倫的淫婦(特別是十七至十八章)。獸代表羅馬皇帝的軍事和政治力量。巴比倫就是羅馬城，其繁華昌盛是透過帝國中的經濟剝削而來。是以，十三章的批判基本上是政治性的，而十七和十八章的批判則為經濟性的，但兩者的情況在根源上均為宗教性的。獸和淫婦的關係密切：淫婦騎在獸上（十七3），因為那有損於國家的繁榮及其對國家腐敗的影響，乃是建基於國家軍隊所取得並供給的權力之上。

羅馬帝國雖是專制、剝削的制度，約翰卻十分明白，絕大多數的臣民都沒有加以抗拒或反對。例如，在約翰知之甚詳的亞細亞省中的大城市，許多人都熱烈擁戴羅馬的統治，部分原因在於某些居民從帝國中得著個人的好處；用啟示錄的話，這些就是「地上諸王」，即地方的統治階層，為羅馬招攬任命參與治理的，他們在社會上的特殊地位也因此得到支撐，又是「地上的商人」，他們從羅馬的經濟繁榮中得利。而更普遍的是，羅馬的平民百姓被帝國的意識形態說服，接受並歡迎她的統治。約翰分別以獸和淫婦有力地描繪這意識形態的兩個面貌，先說後者。雖然淫婦的舒適生活是以顧客的利益為代價，但是她也為他們提供一些好處（十七4）——羅馬統治下假定的好處。這無疑就是羅馬帝國統治下的「和平」（*pax Romana*）意識形態。[5] 整個公元第一世紀羅馬都熱烈地推動著這一種意識形態；根據這種意識形態，羅馬對這個世界的好處就是在帝國四境之內提供和平和安全，以及帝國昌盛的條件。羅馬，這一自稱為永存的城市，為她的子民帶來安頓，她耀目燦爛的財富看來如斯昌盛，可以為她的子民共享。然而，啟示錄把這意識形態描繪為一假象，就是那淫婦用來毒害萬族的酒，以外面鍍金的杯盛載遮上，但內裏藏的卻是邪惡可憎之物（十七2、4）。約翰的預言要揭露的，其中之一就是羅馬意識形態那種虛假的吸引性。[6]

十三章描繪了意識形態的另一面貌：崇拜權力。十三章3至4節講述獸的七頭中的一頭受了死傷，但卻醫好了，叫全地的人都希奇：「（他們）又拜那龍——因為牠將自己的權柄給了獸，也拜獸，說：『誰能比這獸，誰能與祂交戰呢？』」獸受傷的頭就是尼祿皇帝，他以劍自殺（參十三14），[7]獸的頭所受的傷對獸自己（帝國的權力）亦為一死傷，但獸自己卻復元了。這引喻乃指尼祿死前死後的事件，人們以為帝國或將要分裂。尼祿的子民不單清楚也憎恨他的專制，在他身上獸的真正本質顯而易見。尼祿統治末期，許多省份出現嚴重叛變；隨著他的離世，則是混亂的「四王年代」，然而帝國的勢力卻隨著夫拉維亞(Flavian)皇朝而恢復，在傾覆邊緣卻又顯得戰無不勝。因此，據視象所見，整個世界都在呼喊：「誰能比這獸，誰能與牠交戰呢？」這些字眼是模仿摩西之歌中對神權能的歌頌、讚美（出十五11：「主啊……誰能像你？」；譯按：跟和合本稍有出入），指的卻是政治和軍事力量的絕對化，即表現於對羅馬和羅馬皇帝的崇拜中。

在十三章約翰看出帝國崇拜的兩面。一方面是獸的褻瀆：牠自封神聖的名號，稱自己為神聖(十三1、5)。換句話説，牠奪去只有神終極權能才配得的宗教性忠心，從而絕對化自己。但約翰也同時看出，帝國崇拜並非是強加於不願意的臣民身上，都是羅馬臣民對羅馬帝國那表面的無敵力量自發的回應(十三3～4)。第二獸或從地中上來的獸(十三11)，在啟示錄別的地方被稱為假先知(十六13，十九20)，致力推動帝國崇拜：樹立獸的形象、賦予神一般的特性，鼓勵人拜牠。這第二個獸大概象徵了亞細亞省諸城中為帝國崇拜而設的祭司。在這些城市中，帝國崇拜都是城市自發的，但從約翰的先知觀點看來那是危險的偶像崇拜，因為神化了政治和軍事的力量。十三章16至17節的形象把一切經濟交易只限於那些受了印記拜獸的人，無疑是有意誇大，超過當時流行的做法，這是要象徵在政治的宗教中把權力絕對化，以強調它極權的一面。

是以，認為啟示錄之所以反對羅馬帝國，只因為她壓迫基督徒，是嚴重錯誤的看法。啟示錄遠不止此，更進一步對羅馬權力的制度提出全面徹底的批判，正是這一批判使得啟示錄自初期帝國以來，即成為最有力的政治對抗文獻。基督徒反抗羅馬，不純在於她迫害基督徒，而是因為基督徒必須跟羅馬制度的邪惡分離出來，為此他們很可能受到迫害。事實上，約翰寫啟示錄時，他所預見的教會大迫害並未發生，雖然已有殉道的(二13，六9～10，十六6，十七6)，但給教會的七信息很清楚表明迫害只是零星的和地方性的。可是，約翰卻認為按羅馬權力的本質，若基督徒忠心見證神，那麼，他們必然經歷無可避免的衝突——在羅馬的神聖偽裝與他們對真神的見證之間。

從約翰的先知性角度來看，羅馬的邪惡基本上在於其對自身權力和繁盛的絕對化，結果她犧牲她的子民，以追求和維繫這權力和繁盛。根據十八章24節，羅馬的被審判，不單是為了基督徒的殉道，也為了一切無辜犧牲者的殺戮：「先知和聖徒，並地上一切被殺之人的血，都在這城裏看見了。」因此，啟示錄也會從「歷史的底層」(underside of history)、受害者的角度來看羅馬的權力和榮耀。採取這角度不是因為約翰和他的基督徒讀者必定屬於這階層，受到苦害而非分享羅馬的權力與繁榮，而是因為如果他們忠心地見證真神，反抗羅馬的壓制，從羅馬的邪惡中分離出來，他們將也成為受害者，跟其他在羅馬權下受害的同歸於一。基督徒殉道的特殊意義乃在於清楚顯明這一點。那些見證獨一真神的人暴露了羅馬自我神聖化的偶像崇拜行為；這真神就是那惟一真實的絕對、一切政治權力都要臣服其下的。

這即表示反抗羅馬的力量是來自基督教對獨一真神的信仰：不降服於羅馬權力底下、不頌揚其暴力和利益，卻要求在已滲透人民生活的羅馬意識形態之外，提供另類角度。對約翰和其他同具先知式眼光的人來說，這另類角度就是基督教的觀點，即看見那不可比擬的神超乎世上一切的權力，因而把羅馬的權力相對化，並揭露出羅馬裝扮為神聖乃危險的假象。這就是為甚麼在啟示錄全書的結構中，緊接著四章神的統治和公義的視象之後，即為對羅馬的批判。在神公義的亮光下，羅馬的壓迫和剝削要被斥責；在神對歷史擁有主權的角度下，清楚顯出羅馬並非手握終極權力、不可能無限期地延續她的不公義統治。是以，如果啟示錄真的要選取一「歷史的底層」的角度，則只有天上的角度才能使這一選擇成為可能；這天上的角度是由神天上至聖所的視象所引出的。

在審判中的神聖聖潔

整本啟示錄可以被視為實現主禱文頭三願的視象：「願人都尊你的名為聖，願你的國降臨，願你的旨意行在地上，如同行在天上。」(太六9～10)約翰和他的讀者活在一個神的名沒有被尊為聖、祂的旨意沒有被成就，以及邪惡藉著羅馬權力的制度以壓制和剝削施行統治的世界。然而，在四章，約翰從天上這終極實在的領域看見神絕對的聖潔、公義和主權。在其中神的名被尊為聖，神的旨意行在天上，繼這視象之後，自然就是祂的國度要降臨在地上，這就是為甚麼四章的視象，加上其在五章以基督為中心的延續，構成了以後全文的基礎。四章跟以後的視象之間，特別是跟審判世界和邪惡力量的視象之間有著廣泛的文學和主題性的關連。神聖潔和公義的本性要求地上的不義受到譴責，並那些在地上與神的統治對抗的邪惡力量遭到毀滅，把統治的地位交給神來臨中的國度。

這裏有三系列的審判：揭開七印（六1～17，八1、3～5）、七號（八2、6～九21，十一14～19）和七碗（十五1、5～六21）。七是完全的數目，某意義上每一系列都完成了神對世界的審判；換句話説，每一系列的第七都描繪了審判的最終行動：邪惡被毀滅，神的國度降臨。但這三系列是彼此相連的，第七印的揭開包含了七號，而第七號又包含了七碗，故每一系列都達至同一的終局，起點卻是逐漸地靠近終局。這是為甚麼三系列的審判逐漸嚴厲，揭開印的審判影響及全地四分一（六8），吹號的審判禍及三分一（八7～12，九18），而碗的審判卻沒有限度。警告性的審判比較緩和，為盼望惡人受到警告而悔改（參九20～21），但繼之而來的最後系列卻是最終的懲罰（參十六5～7）。當然，這一對審判作出高度圖式化的描繪，要勾勒的是其神學意義，不可取其字面上的意義，以為是未來之事的詳細預告。

現在我們有興趣的是，這不同系列的審判跟四章神至聖所的視象如何連結起來。每一系列都被描繪為從至聖所發佈的。頭四個印中，號召四個騎馬者施行審判的是四活物（六1、3、5、7）；吹七號的是站在天上神面前的七位天使（八2、6）；而在最後的七災中「神的大怒……發盡了」（十五1），這七災被描述為是從四章所講的至聖所發出的。天上的聖殿開了（十五5），天使從聖殿出來（十五6）把大怒的碗傾倒在地上，四活物中的一個「把盛滿了活到永永遠遠之神大怒的碗」給了七位天使（十五7）。「這永永遠遠」的片語跟四章9至10節（亦參十6）描述神的方式遙遙相對——祂是獨一永恆的，邪惡在祂的審判下必然消亡。最後，十五章8節（「因為神的榮耀和能力，殿中充滿了煙。於是沒有人能以進殿，直等到……七災完畢了。」）是回應以賽亞書六章4節（「殿充滿了煙雲」），這就完成了始自四章四活物的歌唱所引喻的以賽亞視像：神坐在寶座上（四8：「聖哉！聖哉！聖哉！全能者主神」是回應賽六3的）。正是神的可畏聖潔叫活物不住歌唱，祂要在最後連串的審判中彰顯其榮耀和權能。

然而更有意義的是，四章5節跟每一系列第七審判之間的文學性連繫。在四章5節上（「有閃電、聲音、雷轟從寶座中發出」），約翰把以西結那神聖寶座的視象（結一13）的一個特色發展成為一引喻，指向神在西乃山上自我顯現時所伴隨的雷轟現象（出十九16，二十18）。因此，約翰視象的這一個特色就把那位坐在寶座上的表達為西乃之約的神，祂要求人順服祂的公義旨意。四章5節上所用的格式與第七印的揭開（八5）、第七號的吹響（十一19）和第七碗的傾倒（十六18～21）互相呼應，比較如下：

四5	閃電、聲音、雷轟
八5	雷轟、大聲、閃電、地震
十一19	閃電、聲音、雷轟、地震、大雹
十六18~21	閃電、聲音、雷轟、大地震……大雹子

四章5節的格式表達了神的聖潔在天上的彰顯，其他經文就此格式而擴展，表明地上的審判現已可見（正如每段經文的脈絡清楚顯示的）。神的聖潔在審判邪惡中得見。格式的漸進擴展對應三系列審判的漸進加劇。這樣，整個審判進程就被描述為同一位神聖潔的顯現，其聖潔已在四章5節天上的顯現中揭示了。

在四章神寶座的視象與三系列的審判之間的連繫中，值得注意的是，神的超越性受到保護，沒有擬人化的描繪，這是四章一個很明顯的特色。神沒有直接被描繪為審判官，在寶座中和寶座周圍的活物（四6）下令審判（六1、3、5、7，十五7），而天使則執行審判。神的榮耀、能力和聖潔在煙、雷轟和地震中彰顯——這是傳統中神顯現的伴隨現象——但神自己卻不被看見或被聽聞；即使當約翰講及第七碗倒出時那宣告審判完成（「成了」）的大聲音，也是採用了猶太作者慣常使用的間接手法，避免把神的聲音擬人化。經文沒說是神的聲音，只說是「從寶座上出來」（十六17）。是以，約翰描繪審判的方式，乃是盡可能遠離那任意使用權力的人類暴君形象。

這一點至為重要，我們當記得，約翰的目的絕不在於以地上人類統治者的絕對權力來跟天上神聖主權相比較，剛相反，他的目的乃將二者對立。地上絕對的權力本質上是邪惡的，具有破壞力量，自封為終極效忠的對象，因而是偶像崇拜；雖自稱為神聖，但跟神聖的主權完全不一樣。因此，如果把天上神聖主權描繪成像地上人類統治者自稱的絕對主權的投射，就要破壞約翰寫預言的全盤目的了，而這一危險之得以避免，乃在於約翰應用了形象中的否定神學（apophaticism），[8]清除了擬人化，並指出了神主權的不可比擬性。祂的審判是真實和公義的（十六7，十九2；參十五3）。換句話說，祂的審判對應事物的道德真相。祂掌權，因為獨有祂是聖的（十五4）。又換句話說，獨有祂以公義為自己的本性。當將絕對的主權歸給創造者——一切價值的根源，祂以真理與公義為其內在的本性，祂的主權跟地上有限受造物自稱的絕對主權絕不一樣。沒有一位聖經作者能顯出他比約翰更覺察到這個分別。

神聖主權與超越性

在近期的神學討論中，把神的形象了解為超越的統治者和審判官，受到很多嚴厲的批評。不但只有婦女神學家拒絕這種了解，反對者並經常激烈地鞭責其為宗教父權主宰的投射。[9]我們在下面兩章中將看到，這形象並非窮盡啟示錄對神的了解，但卻在了解神的過程中扮演重要的角色。因此，底下的提問是相關的，就是啟示錄使用這一神的形象，是否有理由引起婦女主義和其他當代神學家針對性的批評。

有兩類的批評是值得考慮的。第一類，若把神的形象視為一切的主宰，就為人類社會獨裁性的權力和支配性的結構提供了宗教的認可。當然，這情形十分常見。在基督教的歷史中就有最諷刺的事件：當羅馬帝國在基督徒君王底下成了名義上的基督教國家，基督教的作用就跟啟示錄所講的國家宗教相去不遠，啟示錄把這國家宗教描繪為偶像式自我神化。基督徒君王的統治被視為神自己主權的形象，固然這包含了君王必須對神負責的概念，但同時亦為極權的君主制度提供了宗教的理據，這卻跟啟示錄中神聖主權的形象的作用剛剛相反。神聖的統治並沒有合法化人類的專政統治，反是將之非合法化。就定義來說，絕對的權力只屬於神，而正由於承認神的絕對權力，就把一切人類的權力相對化了。神主權的形象所起的作用，相當類似於在十七世紀英國所起的作用，在那年代，神的主權為現代民主的開創提供了其中一個宗教的根源：「因為神是王，所有男女都同為祂的子民，沒有人可以自高自大地管治他的同胞。」[10]

我們已看過，啟示錄怎樣藉著避免擬人化以表達神主權的不可比擬性。事實上，主權的形象是用來表達神與其受造物之間獨特的關係的一面，而非為人類之間的關係提供一個模型。當然，寶座的形象來自人類生活的世界，卻被用來突顯神的主權和人的主權之間的差異而非相似；換句話說，寶座的形象是用來表達超越性的。許多對這類形象的現代批判反映了對真正的超越還沒有了解。他們假設神跟世界的關係必定在每一方面均可跟受造物之間的關係相比擬，而所有神的形象都可以用來作為人類行為的模型，反對者批判神超越的形象，就好像主權的形象，以為神的超越性不過是指神乃像一種比人類高一等的存在物。真正的超越卻是指著神超越一切受造物的存在而說的，祂是一切受造物存在的根源、基礎和目的，一切有限存在物所倚靠的無限奧祕，祂跟我們的關係是獨特的。我們只能以很突兀的方式用言語和形象來表達某些在言語和形象之外、無法與受造世界中我們言語和形象的來源相比的東西。

一旦我們確認需要那種指向超越的上帝語言（God-language），我們就能看出，約翰是非常成功地找到了一種表達超越的宗教性的興發語言。他對神聖之名出色的詮釋正是嘗試要為那一位命名：祂是「阿拉法和俄梅戛」、「那位今在、昔在和要來的」，這表達了祂先於且超越一切有限的存在，而作為其源頭和目的，祂一直跟這有限的存在保持著密切的關係。這些對神的稱謂亦是顯著的非擬人化，表示神跟世界的關係超越了人間的類比。正如寶座的形象，約翰運用的手法不純為喚起超越性，也為了駁斥那種神化人類權力的做法。最後，既喚醒了讀者對神這些方面的覺識，叫讀者確認了神的超越性，約翰的視象就引領讀者進入敬拜那位獨一的聖者和獨一的創造者之中。在約翰於天上視象所描繪的那種真正的敬拜中，在與超越奧祕的神的關係中，我們才認識自己是有限的受造物。虛假的敬拜，比如約翰描繪的對獸的敬拜，其之為虛假，是由於其敬拜對象並非那超越奧祕的神，而是有限的神祕化。是以，啟示錄中視象具有的這種喚發對神聖超越的覺識的能力，就啟示錄的先知性目的來說是不可或缺的；這目的乃是，使真正的敬拜有別於偶像崇拜，使真神有別於假神。

第二類針對神為萬有主宰這個形象而作出的批評，指這形象把神描繪成遠離人世的，祂沒有參與其中，沒有跟受造物同在。[11]這批評錯誤地了解其所反對的超越性。超越性乃要求神跟有限受造物之間存在一絕對的分別，可這並不表示，祂是遠離受造物的。超越的神正因為祂並非眾多有限存在物之一，故能不可比擬地臨在於萬有中間；祂與萬有之間的親近，猶勝於萬物自身之間的親近。這一點在啟示錄是重要的，因為這解釋了這樣超越的神，何以能在新的創造中與人同住（二十一3）。二十一章3至4節對祂就近祂的受造物的描述，跟第四章講述祂的超越性的視象，同樣引人注目。再者，正是這寶座的形象，在新耶路撒冷之中，變成了神跟祂的子民之間親近的象徵（二十二3～4，以及參較早的七15～17）。

這樣，我們開始覺察到這些視象描繪的是現在跟終末將來的差異。坐在寶座上的那位神現正臨於天上，只透過天使為中介在地上行事。只有當末後神終末地臨到祂的受造物，只有當新耶路撒冷從天而降，廢掉了天地之間的分別，神的居所才要在地上與祂的子民同在。就某意義來說，神現在好像不在地上，這一印象可以從活物之歌（四8）跟其所模仿的舊約原本——以賽亞書六章3節——之間的差異得到印證。以賽亞書的基路伯唱：「聖哉！聖哉！聖哉！萬軍之主；他的榮光充滿全地。」（譯按：譯文跟和合本稍有出入）在約翰的視象中，最後的句子被神的稱謂所取代：「那位昔在、今在、以後要來的」。我們記得四章所描繪神在天上的統治，是有待實現在地上的；在一個為不義所支配的世界中，神的榮耀還沒有彰顯。這並非一種彼岸的二元論，該二元論否定這一世界而肯定另一世界，而是承認邪惡的存在，正遮掩著神在世界上的榮耀，也是盼望這世界將要從邪惡中被拯救出來，為神的光輝所充滿。

天啟式的觀點的基本特色是以絕對的黑白詞彙來描繪現在和終末的將來，無疑，許多現代基督徒情願從世界中認出神榮光的足迹，即使世界已為人的不義所籠罩。但啟示錄運用的是形象，形象無法一次過把一切都說清。這裏的要點是，其壓倒性的關注乃是在神的世界中沒有神的公義，這是約翰跟猶太天啟的傳統所共同關心的。當獸掌握全權，就不能說神在祂的榮耀中臨在，真的，即使獸擁有權力不過是出於神聖的允許（十三7）——只有當神的旨意勝過一切邪惡，祂的國度才能說是臨到地上（十一15），當那時，神才會住在祂的受造物中間（二十一3）。

雖然就某意義來說，那位坐在寶座上的是在天上，遠離世界，但是，啟示錄確又描繪了神臨在這個目前為邪惡把持的世界中，正如我們在下面兩章將要看到的，羔羊的形象代表著神以犧牲受苦的方式參與世界，而聖靈則在教會犧牲式的見證中臨在，這見證是為真理作的。

創造的神

我們已花了很長的篇幅討論第四章對神主權的描

述。與此同等重要又密切相關的是，宣認神為創造者，這可見於二十四位長老的讚美詩：

我們的主，我們的神，
你是配得榮耀、尊貴、權柄的；
因為你創造了萬物，
並且萬物是因你的旨意被創造而有的。
（四11）

這就是把神了解為創造者，為猶太教的傳統，也是初期基督教絕不猶疑地認同的。獨一的神被界定為那位創造萬有的。祂是創造者，只有祂對萬物擁有終極的權力。祂是創造者，一切受造物皆由祂而出，只有祂才可以被敬拜。正如啟示錄第四章表明，猶太獨一神論並沒有跟一般相信眾多天界靈體的信仰妥協，因為正如長老的宣認，那些明顯是受造物，其存在是由於神。新約時代的猶太獨一神論，乃由創造論和敬拜實踐來定義。萬有的獨一創造者乃是神，只有祂才可以被敬拜。

因而，當天使向地上萬民宣告「永恆的福音」，呼召他們要在逼近的最後審判來臨之前悔改的時候，這福音的實質就是一個呼召，呼召人敬拜神，承認他們的創造者：「應當敬畏神，將榮耀歸給他！因他施行審判的時候已經到了。應當敬拜那創造天地海和眾水泉源的。」(十四7) 全地對獸的敬拜 (十三8) 理應是神應得的，因為祂是萬有的創造者，而非獸。

以神為創造者不單是猶太教和基督教獨一神論的一部分，更是猶太教和基督教終末論的發展一個重要的元素。假設神是萬有的超越根源，那麼，祂也可以是受造物在未來能以享有嶄新可能的根源。萬有不是永遠受自身的內在可能所限，卻是向著創造者簇新創造的可能性開放的，這就是為甚麼復活的盼望成為可能。猶太人盼望復活，並非基於人性內在那種跨越死亡的能力(雖然某些劫後餘生之類是經常為人所相信的)，基本上這是一種對神創造者的信靠，祂既可賜必死的生命，亦可把生命重新賜予死者，更甚的是，祂還能賜**新的**生命——終末的新生命，在死亡威嚇之外永遠活著。當必朽的生命從其根源割斷，以死終結，神仍能賜下新的生命，乃一跟神自己永恆生命相連結的生命，能分享神自己的永恆。[12]

但是，猶太人的終末盼望不單只是個人的復活，而是對整個受造世界的將來所懷有的盼望。盼望的乃是**新的**受造(參1 Enoch 72:1，91:16；2 Bar. 44:12；*L.A.B.* 3:10；彼後三13；所有都受賽六十五17，六十六22所啟發)。這卻不表示這受造世界要被另一受造世界所取代，我們可以從受造世界**被更新**的平行記載中看出來(Jub. 1:29；2 Bar. 32:6；4 Ezra 7:75；參考1 Enoch 45:5)。啟示錄二十一章1節直接回應以賽亞(四十三18～19，六十五17)的用語，就是屬於那些第一眼看去好像是說要由一全然不一樣的受造世界取代這一受造世界的經文：

> 我又看見一個新天新地；因為先前的天地已經過去了……

這裏「先前」和「新」等字眼有其甚為專門的天啟文學式指涉，表達一種對比，一方面是正在消逝的現今世代的受造世界，另一方面則是終末的新世界，即在要來的永恆世代中在本質上完全不一樣的生命。這宇宙性的斷裂跟人類層面上的斷裂相平行：在必朽的生命和終末死而復生的新生命之間的斷裂。先前的天地按其本性歸於無有，需要神簇新的創造行動，讓其獲得一全新的存在形式，越過邪惡和毀滅的威嚇，為神自己的榮耀所居住，參與在祂自身的永恆中。當啟示錄講及「先前的」「過去了」，在作者的思想中是指著苦難和死亡的完結，二十一章4節清晰地表明出來。「先前的天地」跟「新天新地」的對比是指向這受造世界的終末更新，非以另一受造世界取代之，這看法可以從以下的觀察得到印證。猶太教和基督教作者對被洪水毀滅的世界和由洪水而出的新的世界，有相當接近的講法(參彼後三6)，兩者都把洪水了解為創造的反向、歸回原初創造前的混沌。我們稍後即再討論與洪水事件平行的記載。

在二十一章5節那位坐在寶座上的直接説話，這是繼一章8節以後的第一次，也是惟一的一次。祂嚴肅地宣告：「看哪，我將一切都更新了！」這些字句對應以賽亞書六十五章17節（參四十三19）。在緊接著的經文中神親自吩咐約翰寫下這宣告，加強了這些字句的重要意義。經文也對應了啟示錄四章11節：「你創造了萬物」，終末的新開始其普遍性乃對應神原先創造的行動：萬有從此而出。創造和新創造的這一關連突出了約翰神學視野的宇宙性角度，約翰把他最關注的世界放置在這一角度內。

正如神主權的形象現已受到批評，聖經中的這種創造觀（全部萬象之存有皆在乎那位創造萬有之神的恩賜），其所含的意義也開始受到當代神學思潮的質疑。[13]某程度上，他們表達了對受造物絕對倚靠創造者的旨意這一非對稱性關係的厭惡，而傾向某種神與受造物的相互性。然而，啟示錄神學可能有助確認這種傾向的兩個必然後果。首先，這涉露了對神獨特性的一個基本宗教認識：意識到在受造物互相之間的倚賴性之外，存在一位萬有只有靠著祂才能存在的（因之一切事物都靠著祂而存在）。這意識跟獨一神的敬拜分不開，因獨一神的敬拜是承認創造者的終極性和不可比擬性，那不是有限的存在物所能受的，任何有限的存在物頂多不過跟敬拜者一樣，都出於同一位創造者（參啟十九9～10，二十二8～9）。這一意識和敬拜（於四11所表達）並沒有否認或減損受造物自身的相對獨立性，或受造物突出的創造性，也沒有否認或減損神跟受造物之間的真正相互關係，而是超越了這一切，承認這一切都是創造者**賜予**的。

其次，減弱了創造者的真正超越性，也同時減弱了祂的受造世界向終末的新的開放性。一位並非萬有的超越源頭的神，卻以之為一種宇宙自身內在創造可能性的說法，並不能成為受造世界未來終極盼望的根基。若對神創造者的信仰有任何虧缺，則無可避免地使得對復活的盼望也有所虧缺，更不用說重新創造萬有了。阿拉法的神才會同時為俄梅戛。

創造者對受造物的信實

啟示錄中終末盼望的基礎，不單在於其了解神為創造者，也在於其相信創造者對受造物的信實。要是相信神是創造者便引發出新創造的可能，那麼相信祂對受造物的信實，就帶來新創造的盼望。創造者這一對受造物的信實，是創世記洪水敘事的神學主題，在與挪亞的立約中（通常這樣說的，但實際上，根據創世記，神是跟挪亞和一切受造物立約）

表達出來。啟示錄四章3節很可能引喻挪亞之約。雖然環繞寶座的彩虹肯定出自以西結神聖寶座的視象，當中坐在寶座上的那一位，其光輝被說成像一道彩虹（結一28），但正如約翰在以西結的視象中（結一13；啟四～五章）找到西乃神聖顯現的暗示，很可能他也在以西結的彩虹中推想到挪亞之約的記號。是的，以西結先知把神聖光輝描述為「**像**虹的形狀」（譯按：譯文跟和合本有出入），而約翰則看見環繞寶座的「好像綠寶石的虹」（譯按：譯文跟和合本有出入）。虹從暗喻轉成實在，成為神自洪水之後擺設在天上的虹，作為祂與大地立約的記號（創九13～17）。

創造者對祂的受造物的信實程度是啟示錄的主題，如果我們注意到啟示錄十一章18節明顯地引喻創世記洪水的故事，就更能欣賞到這一點。末後的時間—審判和神國度的實現——據十一章18節所說（撇開其他事情）乃「毀滅那些地上的毀滅者」（譯按：譯文跟和合本有出入）的時間。這是終末以牙還牙的審判（eschatological *jus talionis*）的一例，是對神終末審判的一種說法，所描述的懲罰在字眼上跟所描述的罪是相稱的（參另外的例子：十六6，十八6，二十二18～19）。這是一種文學手法，表達神的審判絕對公正：懲罰跟所犯的罪相稱。在這例子中，作者以希臘文動詞（*diaphtheirō*）來達至其字眼上的對應，這動詞既可以指「毀滅」，意即使之消亡；又可以指「毀壞」，意即為邪惡敗壞。[14]「地上的毀滅者」指邪惡的勢力：龍、獸、巴比倫大淫婦（十九2說大淫婦「用淫行敗壞——或毀滅——世界」）。他們以暴力、壓迫和偶像崇拜的宗教來敗壞神的受造物。祂對受造物的信實，要求祂毀滅這些邪惡的勢力，以致可以把受造物解救出來，得以保存。

然而，這片語——「毀滅那些地上的毀滅者」——也是引喻創世記六章11節至13節、並17節同樣的文字遊戲。希伯來文動詞*šāḥat*有同樣的雙重意思，神決定**毀滅** 那些用惡行**敗壞**大地的，連同大地一同毀滅，祂在洪水中作成了這事。洪水是神聖的審判，目的是把神的受造物從周圍居民的敗壞暴行中解救出來。

驟眼看去，洪水跟啟示錄十一章18節所指向的終末審判的這一個平行，是跟挪亞之約相矛盾，而非表明神對受造物的信實，因在挪亞之約中，神應許「不再有洪水毀滅地了」（創九11）。可是，我們當記得洪水毀滅世界的方法。洪水的水被視為原初混沌的水或深淵的水（創一2，七11），這水在創造中被神約束和牽制，卻沒有被廢去（創一6～7），它象徵否定受造物的虛無勢力，是仍舊存留的毀滅潛能，威嚇著受造的宇宙，使之歸回混沌。在洪水的敘事中，神被表現為容許深淵的水泛濫世界，重歸混沌（參1 Enoch 83:4）。

混沌的水就是那海，獸從其中上來（啟十三1；參但七2～3），這獸具有毀滅的暴力。主再來的時候這獸會被除去（十九20），但邪惡的潛能尚未被清除。當地上眾多毀滅者的最後者——魔鬼、死亡和陰間——都被毀滅之後（二十10、14），新造的天地具有這一個令它成為真正的終末的新的特性：「海也不再有了。」（二十一1）原初深淵的水代表著毀滅性邪惡的根源、逆轉創造歸回混沌的可能性，它最終不再存在了。是以，審判舊天地，創造新天地，與其說成是第二次的洪水，不如說是徹底除去可能有的另一次洪水的威嚇。在新的創造中神使得祂的受造物享有永恆的安頓，不再受毀滅性的邪惡所威嚇。這樣，啟示錄描繪神為忠於挪亞之約的，且事實上祂對受造物的信實是超過了挪亞之約：先是毀滅那地上的毀滅者，最後帶領受造物脫離邪惡的威嚇。只有這樣，地上才成為神的家，祂神聖榮耀的光輝方才得以住在其中（二十一3、22、23）。

1 見下面第五章。

2 如Hadrumetum magical text，引自E. Schürer, *The History of the Jewish People in the Age of Jesus Christ*，修訂版，G. Vermes, F. Millar, M. Goodman編，vol. Ⅲ : I (Edinburgh: T. & T. Clark, 1986), 358。

3 *TDNT* 2.399; D. E. Aune, *Prophecy in Early Christianity and the Ancient Mediterranean World* (Grand Rapids: Eerdmans, 1983), 280～281.

4 參但七9～10；1 Enoch 14，60:1～6，71；2 Enoch 20～21；Ap. Abr. 15～18。

5 參K. Wengst, *Pax Romana and the Peace of Jesus Christ* (London: SCM Press, 1987), part 1。

6 關於此段，見R. Bauckham, 'The Economic Critique of Rome in Revelation 18'，載L. Alexander編，*Images of Empire* (*JSOT* SS 122; Shefield: *JSOT* Press, 1991), 47～90，此文後為Bauckham, *The Climax of Prophecy*, chapter 10。

7 見Bauckham, *The Climax of Prophecy*, chapter 11 ('Nero and the Beast')。

8 否定神學運用否定的詞彙思考神：祂**並非**受造物之所是，從而徹底地把神跟一切受造物分別開來。

9 如D. Hampson, *Theology and Feminism* (Oxford: Blackwell, 1990), 151～153。

10 D. Nicholls, *Deity and Domination* (London and New York: Routledge, 1989), 236.(此書出色地處理了十九和二十世紀宗教和政治思想中這一議題。)

11 如S. McFague, *Models of God: Theology for an Ecological, Nuclear Age* (London: SCM Press, 1987), 63～69。

12 關於這段，見R. Bauckham,‘God Who Raises the Dead: The Resurrection of Jesus in Relation to Early Christian Faith in God’，載P. Aris編，*The Resurrection of Jesus Christ* (Edinburgh: T.&T. Clark，出版中)。

13 如D. Hampson, *Theology and Feminism* (Oxford: Blackwell, 1990), 131～132；S. McFague, *Models of God: Theology for an Ecological, Nuclear Age* (London: SCM Press, 1987), 109～110。

14 參：相類似地使用*phtheirō*可見於另一終末以牙還牙的句子：林前三17。

第三章

坐在寶座上的羔羊

基督教教義傳統把基督的位格和基督的工作分為兩個教義項目，雖然兩者關係密切。我們將採用這個劃分，先在這一章中研究啟示錄把基督等同神的看法，然後在下一章中討論其對耶穌基督在地上建立神的國度這一工作的了解。

首先的和末後的

約翰的視象始於基督的顯現：復活的基督以榮耀的天上形體出現(一12～16)，宣稱祂自己的身分如下：

> 我是首先的，我是末後的，又是那存活的；我曾死過，現在又活了，直活到永永遠遠；並且拿著死亡和陰間的鑰匙。(一17～18)

在上一章中我們已經注意到「我是首先的，我是末後的」這一宣告，是對應神聖的自我宣告：「我是阿拉法，我是俄梅戛」(一8)。啟示錄整卷書有兩個神的自我宣告、兩個基督的自我宣告，對比如下：

神　：我是阿拉法，我是俄梅戛。(一8)
基督：我是首先的，我是末後的。(一17)
神　：我是阿拉法，我是俄梅戛；我是初，我是終。(二十一6)

基督：我是阿拉法，我是俄梅戛；我是首先的，我是末後的；我是初，我是終。(二十二13)

仔細研究這格式，可以揭示啟示錄把基督等同神的程度是如何突出的。

正如上文所見，這兩個名號：「阿拉法和俄梅戛」、「初與終」，用在神身上，指的是神相對於世界來說乃是永恆的，祂先於萬有且為萬有的根源，是其創造者，祂要把萬有帶進終末的完成。當這些名號用在基督身上，如二十二章13節，不可能有別的不同意思。雖然一章8節和一章17節是兩個不同的宣稱，起初看來好像是要把神和基督分別開來，但二十二章13節卻把只出現在基督身上的名號(「首先的和末後的」)，置於其餘兩個只用在神身上的名號中間，看來是有意把三者排成等同的。再者，「首先的和末後的」這名號在第二以賽亞已經出現為神聖的自我宣告(賽四十四6，四十八12)，跟其他兩個出現在啟示錄的名號有同樣的意義，那麼，若僅僅只此名號有異於啟示錄其餘兩個的話，將會是十分突兀的。

然而，也曾經有過爭辯，認為其意義是有不同的。在約翰視象的頭一個部分，這名號的上下文是關乎基督跟七教會的關係，而這名號跟一章17節至18節的復活也有著關連(此關連在二章8節中再次重複)，因此可能表示這名號稱基督為首先的和末後的，是對教會而言，而非對一切受造物而言。因「從死裏首先復活」（一5），復活的基督就成了教會的起頭，他再來時會把教會帶進完全之中。然而，這不是閱讀一章17至18節的惟一方式。這一宣告始於肯斷基督有分神永恆的本性，為萬有的根源和目標（「我是首先的，我是末後的」），然後繼續肯斷祂以特殊的方式——事實上，是非比尋常的方式——分享神永恆的存活性（livingness），祂是「那存活的」（一18）。當神被稱為祂是「那位今在、昔在和將要來的」（一8；譯按：跟和合本稍有出入），或祂是「那活到永永遠遠的」（四9～10，十6，十五7），基督說：「我曾死過，現在又活了，直活到永永遠遠。」（一18）祂永恆的存活性曾被人類死亡的經驗所中斷，但祂勝過死亡，從而分享神永恆的生命。是以，當一章8節那神聖的自我宣告說明了神聖主權的一面，指祂統管萬有的權力，則對應的一章18節就説明了基督神聖主權的另一面，指其以自己的死亡和復活勝過死亡和陰間的權柄：「我……拿著死亡和陰間的鑰匙。」

「首先的和末後的」這一名號乃衍生自第二以賽亞，加上其在二十二章13節的用法，使得這樣子解釋一章17至18節顯得較為可取。從基督向眾教會傳講信息的脈絡看來，把一章17章至18節指向基督有分於神對萬有的創造並非離題，這在三章14節清楚表明出來。三章14節是給老底嘉教會的信息的開頭，稱基督為「在神創造萬物之上為元首的」（the origin, *archē*）。這並非表示祂是最先被造的，或在祂的復活中祂是神新創造的開始。這節經文跟「初（*archē*）與終」這名號中的「初」意思相同，同樣用在神（二十一6）和基督（二十二13）身上。基督先於萬有而為其根源。啟示錄這種信念確認基督在創造中的角色，跟保羅書信（林前八6；西一15～17）、希伯來書（一2）和第四福音書（約一1～3）相一致。這信念的出現乃基於把基督和道或神的智慧等同起來，神透過這道或智慧創造了世界；這一等同可以在基督在創造中所扮演的角色清楚看見，上述所引啟示錄以外的經文就表達了基督創造的角色。[1]在啟示錄，這名號還跟初期教會另一方面的（可能是更早的）基督論的發展扯上關係：把神終末的來臨等同期盼中耶穌基督的再來。這兩種發展的結果是把基督這一神聖行動者收納在神創造萬有與神終末成就萬有兩事之中。是以，基督是「阿拉法和俄梅戛、首先的和末後的、初與終」。這就毫不含糊地表明耶穌基督屬於神圓滿的永恆本性，這種說法比新約中的任何說法都要清楚。

有四段經文記載神和基督自我稱謂的三個名號（一8、17，二十一6，二十二13），深入考慮其格式，即可強化以上的觀點。在全書的結構中，約翰的視象（一9～二十二9）是由序（一1～18）和跋（二十二6～21：視象的結束和跋的開端是重疊的，所以二十二6～9歸屬兩邊）所建構的。序與跋以許多不同的文學手法互相呼應。其中之一是以序結束時的神聖自我稱謂（一8）對應跋近開頭時基督的自我稱謂（二十二13）。這兩節的進一步的對應性在於兩者分別都以宣告基督的再來為前鋒（一7：「看哪，他……降臨！」；二十二12：「看哪，我必快來！」）如果一章8節和二十二章13節是這樣對應的話，那麼，在視象的開頭：一章17節和結束：二十一章6節的這兩段經文也當如此對應，以致四組經文形成一交叉平行的結構（A-B-B'-A'）。一章17節和二十一章6節更有某種主題的相似性，那位稱自己為「首先的和末後的」或「阿拉法和俄梅戛」，同時宣稱自己為新的、終末生命的根源：在基督是透過其復活（一18），在神是透過重新創造萬有並賜下生命之水（二十一1～6）。

交叉平行的格式可表列如下：

A	B	B'	A'
一8	一17	二十一6	二十二13
序的結束	視象的開端	視象的結束	跋的開端
神	基督	神	基督
阿拉法和俄梅戛	首先的和末後的	阿拉法和俄梅戛 始與終	阿拉法和俄梅戛 首先的和末後的 始與終
跟主再來連結	跟新生命連結	跟新生命連結	跟主再來連結
(一7)	(一18)	(二十一5~6)	(二十二12)

這一格式強調的是基督與神同等，名號的使用表明了這一點。這格式同時表明了約翰是如何顯著地關心這些名號的終末性撞擊力，一如我們所預期的。正是基督再來之時，那位萬有之源的神就同時成了萬有的終結。正是基督在復活之時所進入的終末的生命，要為一切被贖回的受造物在神的新創造中所分享。然而，如果約翰著作的主要關懷乃神和基督共用名號的終末特性，那麼這些名號的始原特性(protological aspect)亦具有基督論的重要性。這表明名號所包含的意義：基督等同神，並非嗣子基督論的結果。嗣子基督論認為耶穌在復活之時他被提升至神聖的地位。跟復活同樣重要的，是基督有分於神的主權(參二28，三21)，祂跟神共用的名號顯出祂在創造之先已分享了神永恆的本性。

在第二以賽亞中，「首先的和末後的」這名號跟先知信息中那種排他的獨一神觀的特性關係密切，耶和華宣告：「我是首先的，我是末後的，除我以外再沒有真神」(賽四十四6)；在啟示錄一章17節中基督正是藉此名號而宣告其身分，這就更值得我們注意了。這名號沒有稱基督為第二位神，卻是把祂包涵在以色列那獨一神永恆的本性之中，這神是萬有惟一的根源和目標。我們將看到，約翰亦小心地運用了其他方法去維繫猶太獨一神論的信仰，並同時把耶穌也包涵在一神的神性之中。

敬拜耶穌

我們在上一章已經看見啟示錄中的敬拜是何等重要。敬拜有非常明確的神學意義。對猶太獨一神論來說，這標誌著一神萬有的創造者跟祂的受造物之間的分別，前者必要被敬拜，而敬拜後者則為偶像崇拜。既然，在宗教實踐中作出如此的分別，那麼，更重要的是，這指出猶太和初期基督教一神論的真正含義，而非對神的單一性的玄思反省。某些現代學者傾向認為敬拜中所表達的，不能在神學上予以認真的考慮，但這種看法要被拒絕。至少，在這脈絡中，規限只能敬拜一神，以及與此密切相關的創造教義，正正是猶太和基督教作者以獨一神論來反對異教的偶像崇拜時，所強調的要點。有關敬拜的爭議，在啟示錄中十分明顯。啟示錄視羅馬帝國的邪惡根源乃在其僅僅對人的權力作偶像崇拜，因而在敬拜獸的人跟敬拜獨一真神的人之間，劃下了衝突的界線。約翰高度意識獨一神論式的敬拜這一議題，這表現於全書結束篇章中的一件事件（為了策略的效果，這事件出現了兩次），就是約翰在向他傳達啟示的天使面前，俯伏在地。[2]天使辯稱他不過是神的僕人，吩咐約翰當敬拜神（十九10，二十二8～9）。這些經文援引了一個天啟文學的母題：[3]當見視象者跟天使的存在物相遇，看見其天上的榮耀和超自然的權柄，就自然地差不多要敬拜這些存在物，可是，就連最尊貴的天上存在物都拒絕被敬拜，並堅持只有神應被敬拜，如此敬拜獨一神的原則就強烈地被肯斷了。在啟示錄的經文中，重點是，向約翰顯示視象的天使並非啟示的根源，只是傳遞視象的工具。至於耶穌，就被描寫為啟示的源頭（二十二16），其中的含義似乎是指祂不像天使，被排斥在獨一神的敬拜之外，卻是敬拜的對象。這個意義在啟示錄其他部分耶穌明顯地受敬拜一事上，得到印證。

既然啟示錄中對獨一神的敬拜這問題是那麼清楚，那麼，啟示錄中對耶穌敬拜的描述就不可能離開這個問題。看來，對耶穌的敬拜，必須了解為一指明耶穌是被包含在一神的本性之內的，這神乃獨一神敬拜所定義的神。這在四和五章天上敬拜的場景中十分清楚。我們在上一章已看見四章天上聖所中對神的敬拜如何跟承認神為萬有的創造者（四11）相連結。到了五章，那位死而復活而得勝的羔羊基督被看見站在寶座上（很可能是五6的意思，參七17），此時祂成了天上敬拜的中心，接受活物和長老的敬禮（五8），然後圈子擴大，千千萬萬的天使參與活物和長老的敬拜（五12）。這敬拜的形式很明顯跟那獻給神的（四11）相平行。最後，這圈子擴展至一切受造物，他們把頌讚歸給神和羔羊（五13）。重要的是注意這場景的結構，即從敬拜羔羊（五8～12）進至一同敬拜神和羔羊（五13）。約翰的確不想把耶穌描寫為神旁邊另一個供敬拜的對象，卻是一位分享神的榮耀的，這榮耀惟有神才配得。耶穌值得被尊為聖，因為對祂的敬拜包含在一神的敬拜之中。

很可能，與這一關注（把耶穌納入**獨一神論的**〔monotheistic〕的敬拜中）相關的，就是一種特殊的文法使用，這出現於啟示錄的其餘部分。在這些經文中，當一併提到神和基督的時候，作者使用單數動詞（十一15）或單數代名詞（二十二3～4；及六17，其單數代名詞*autou*〔他〕是較佳的異文）。這裏不能確定單數是指神自己抑或神和基督兩者合為一單位。約翰對語言的神學含義是非常敏感的，他甚至為了神學的緣故寧願違背文法的規限（參一4），很可能他想要説的是神和基督兩者為一單位。然而，無論何種意思，他明顯地對把神和基督説成是眾數很有保留。他從沒有把兩者用作眾數動詞的主詞，或是以眾數的代名詞同時指涉二者。理由很簡單，在神與受造物之間，他置基督於神聖的一邊，但又想避免那些在他看來是多神論的説法。從他使用文法的一致性可以看出，他對基督論和獨一神論之間的關係曾經作過仔細的思考。這裏其中一段有疑問的經文（二十二3～4）更是涉及敬拜的，這就意味深長了。

在五章8至14節和二十二章3至4節，敬拜是天上的和終末的。一章5節下至6節乃是單以基督為對象的頌讚，是新約中三個（其餘兩個在提後四18和彼後三

18) 之一，顯示約翰和他的教會實踐對耶穌的敬拜。頌讚，以及認信榮耀乃永遠屬於那位接受頌讚的，是猶太讚美一神的方式，再沒有更清楚的方式，把單屬於神的敬拜歸予耶穌了。

除了啟示錄之外，還有很好的證據，證明敬拜耶穌之成為初期基督教宗教的習慣始自相當早的年期，並且那是發展自猶太基督教的內部；猶太基督教對獨一神論與敬拜之間的關連有高度的意識。[4]那不可能歸諸於外邦基督徒，因他們忽略獨一神的敬拜的要求；必須視之為傳統猶太獨一神論的內部發展，猶太基督徒毫不置疑地藉此把耶穌納入獨一神的實在之中。啟示錄的作者站在這一猶太基督徒傳統裏，還在一全然猶太的思想架構之中，就已經對基督論與獨一神論的關係作出了如此深入的反省。在上一節和這一節中，我們已經看見證據顯示，啟示錄的作者相當細緻精巧地嘗試使用言語，把耶穌納入神永恆的本性之中，而沒有偏離猶太的獨一神論，對他來說，獨一神論是公理性的 (axiomatic)，而非只是先知或天啟傳統的一部分；作為先知，約翰當然很清楚自己是站在這一傳統之中的。約翰沒有使用抽象的觀念，不像後期基督教神學家引用希臘哲學，以致可以說神的兒子分享了祂父親的神性。他甚至沒有使用猶太關於神的智慧的概念，某些猶太基督徒就用此來把基督納入那獨一神聖的本體之中。約翰的神學風格十分特別，包括了神聖寶座的天啟形象、敬拜的場景、謹慎的文法、文學關連及結構，藉此盛載其神學表達；約翰像一個文學藝術家，多於一個哲學家。大概因為他的風格跟後來教父對基督論的反省如此不同，致令他的作品在這方面的重要性很少被確認。

從那向基督所發的頌讚（一5下～6），以及跟此十分相似的向羔羊所唱的天上讚美詩（五9～10）的字句之中，我們至少能夠認出一部分的因素，這些因素必定早就成為原初推動人敬拜耶穌的動力。在其中耶穌因其拯救之功被讚美。因為基督徒的救恩是從耶穌基督而來，所以敬拜祂。基督徒對那位被視為居住在天，而事實上是信仰羣體中可經歷的臨在，對這一位他們欠下極大的宗教恩情，這在敬拜中就自然地流露出來。這救恩跟耶穌的關係是那麼密切，以至不可能忽略耶穌而單為救恩敬拜神，而同時，耶穌的救恩又是從神而來，故此祂沒有被當作是與神並列的另一位敬拜對象，而被納入對神的敬拜中。說得概括一點，我們或可說，耶穌之所以受敬拜，是因為祂在初期基督教中的**作用**有如神。所有跟世界相關的神聖功能——作為救主、主和審判者——都由耶穌執行，當然，是奉神的名義執行的。既然其功能有如神，就自然地受神所配受的敬拜。是以，敬拜耶穌是跟神性功能性的一面相關，這功能性的一面就是普遍所說的，是猶太基督教歸於耶穌的神性的惟一一面，這種說法是真的。然而叫人懷疑的是，一旦耶穌被敬拜，猶太獨一神論者能否長久滿足於僅僅功能上的神性？那位配受只有神才配得的敬拜的，無論如何總要被歸屬於獨一神的實在中。

肯定地，啟示錄的作者已進至這樣的見解。儘管他對耶穌和神之間關係的講論，大致上仍停留在神和耶穌跟世界的關係這首要的宗教關注上，他沒有撇開世界的層面思索神的本性，但從上一節和這一節我們看過的證據，就是以推論出耶穌的本體神性，即祂神聖的**本性**(being)，不只是神聖的**功能**(function)。約翰沒有使用耶穌的「神」這個字眼，箇中的原因，就跟當時正在成形的基督教崇拜普遍遲遲未肯採用這個說法的原因相同。他既不想毫無分別地說耶穌正是祂稱之為神為父的那一個神(一6，二27，三5、12、21反映約翰這方面的使用)，但他也不想說成好像是兩個神。然而，同樣可注意的是，許多時當約翰經過細心思考而提及神的時候，他也沒有稱神為「神」，卻稱祂為「阿拉法和俄梅戛」，那比稱祂為「神」更多述及神的本性，而約翰亦稱耶穌為「阿拉法和俄梅戛」。

基督做甚麼，神也做甚麼

約翰非比尋常的高階基督論(high Christology)，其對啟示錄信息的重要，乃在於絕對清楚表明：基督做甚麼，神也做甚麼。既然基督分享了一神永恆的本性，那麼，論及基督在拯救和審判中所作的，並不比「那一位坐在寶座上的」將要做的，在神聖的程度上較不真實、直接。

這在主再來一事上顯而易見。上一章中我們注意到，稱謂神為永恆的名號中有三個時態：「那位今在、昔在、要來的」(一4、8；參四8)，神的將來有意地以動詞「來」(to come, *ho erchomenos*) 來表達，因為神的將來被認為是祂終末的臨到世界，施行拯救和審判。然而，神為實現祂對受造世界的旨意的「來臨」，卻在於基督的來臨。關於基督未來在榮耀中的來臨，啟示錄沒有用上在新約其他書卷中常見的主再來(*parousia*)，卻經常用動詞「來」。基督快來的警告和盼望滲透了啟示錄全書(一7，二5、16，三3、11，十六15，二十二7、12、20)，基督七次自己宣告「我正來臨」(*erchomai*：二5、16，三11，十六15，二十二7、12、20)。

祂在來臨中的審判被強調是神的審判，例如，啟示錄二十二章12節跟隨初期基督教的一般做法，引用舊約一段有關神來臨審判的預言(賽四十10，六十二11)來指涉基督的再來，並以有名的神聖審判原則擴展(「按各人所行的報應各人」)；此處引用了箴言二十四章12節(參太十六27；1 Clem. 34:3；2 Clem. 17:4)。但如果說基督再來時的審判是神聖的審判，那麼關於祂犧牲的死亡也必定有同樣的說法，我們將看到這亦是啟示錄神學的核心。當被宰殺的羔羊被看見站在天上寶座「中間」(五6；參七17)，意思就是基督犧牲的死亡**屬於神統治世界的方式**。羔羊的符號跟「那一位坐在寶座上的」符號同樣是神聖的符號。上一章我們注意到「那一位坐在寶座上的」在天上跟被邪惡勢力主宰的世界疏遠。當大地為邪惡所統治，「那一位坐在寶座上的」神必須被描寫為只在天上，甚至那從祂天上的神聖臨在發出用以毀滅邪惡，帶來祂在地上的統治的審判，也不過是透過天使的中介者間接地施行。但假使神沒有以「那一位坐在寶座上的」的身分臨在世界，祂**總**以羔羊的身分臨在，祂藉受苦而得勝。基督受苦的見證和犧牲的死亡，事實上正如我們將看見的，乃神勝過邪惡，在地上建立祂的國度的關鍵事件，其重要性更勝過從天上寶座發出審判以在地上建立神的統治。再者，基督臨在於(在燈台中間行走：一13，二1)那些持續為祂作見證和犧牲的子民當中，這也是神的臨在。

據此推論，啟示錄的基督論必須被併入其對神的了解的討論中，以補充上一章。神不單以神聖超越者的身分跟世界保持連繫，更是以被殺羔羊的身分臨在世界。

1 見J. D. G. Dunn, *Christology in the Making* (London: SCM Press, 1980), chapters VI-VII；J. F. Balchin, 'Paul, Wisdom and Christ'，載 H. H. Rowdon編，*Christ the Lord: Studies in Christology presented to Donald Guthrie* (Leicester: Inter-Varsity Press, 1982), 204～219.

2 這段以及其下三段的論證，詳細內容可參R. Bauckham，'The Worship of Jesus in Apocalyptic Christianity'，載*NTS* 27 (1980-1) , 322～324；修訂版本載Bauckham, *The Climax of Prophecy*, chapter 4 ('The Worship of Jesus') 。

3 Ap. Zeph. 6:11～15；Asc. Isa. 7:21～2，8:5；Ap. Paul (Coptic ending)；參 Tob. 12:16～22；Jos. As. 15:12；Gospel of Pseudo-Matthew 3:3；Lad. Jac. 3:3～5；3 Enoch 16:2～5。

4 R. Bauckham, 'Jesus, Worship of'，載D. N. Freedman編，*The Anchor Bible Dictionary* (Garden City, New York: Doubleday, 1992) vol.3, 812～819；L. W. Hurtado, *One God, One Lord* (Philadelphia: Fortress Press, 1998)。

第四章

羔羊的勝利及其追隨者

統計

我們在第二章已經看到啟示錄中神聖稱謂的七重出現，乃約翰突顯其意義的手法。因此，值得審視一下某些基督論稱謂的統計數字，以幫助我們進入對啟示中基督的工作的研究。

把基督等同神並非表示祂的人性不重要，這可從使用耶穌這個獨特的人間名字上看出來。耶穌的名字在啟示錄出現了十四次，其中七次出現在「耶穌的見證」(一2、9，十二17，十九10〔兩次〕，二十4；譯按：譯文跟和合本稍有出入）和「耶穌的眾見證」(十七6；譯按：譯文跟和合本稍有出入）的片語中。我們將看見，啟示錄中至為關涉耶穌的人性，乃是祂所作的見證，以及祂的門徒繼續作的見證。

「基督」(彌賽亞）一字曾出現七次之多（包括「耶穌基督」出現的次數）。我們也將看見，耶穌實現了猶太人對大衛式彌賽亞的盼望，這主題在啟示錄中明顯突出。

指向基督的「羔羊」一字出現了二十八次（七乘四），其中七次伴同神一起（五13，六16，七10，十四4，二十一22，二十二1、3）。四是在七以外另一在啟示錄中最常使用的象徵數字。七是完全的數字，而四則是世界的數字（地的四角〔七1，二十8〕或四方〔五13，十四7〕）。每一審判系列中的頭四項都影響世界（六

1～8，八7～12，十六2～9），七乘四次的「羔羊」因此就指祂影響及整個世界的完全勝利。這是對應約翰以**四重式**的片語來稱謂世界的萬族（「各民、各族、各方〔言〕、各國」〔'Peoples and tribes and languages and nations'〕：這片語每次出現時都有變化，但總是四重式的），共出現**七次**（五9，七9，十11，十一9，十三7，十四6，十七15），其首次出現已經和羔羊的勝利相關（五9）。

主要的象徵主題

啟示錄中基督的角色是要在地上建立神的國度，用十一章15節的話，就是把（現在被邪惡統治的）「世上的國」轉為「我們的主和主基督的國」。這同時是拯救和審判的工作。我們將看見，拯救和審判是一個硬幣不可分割的兩面，亦是一個過程，起始於耶穌在地上的生活和死亡，而終於其再來。祂藉其死亡和復活所達至的勝利是決定性的，但這勝利卻需要其跟從者在目前堅守下去，在將來祂再來時將要完全實現。對我們來説，分別這三個不同的階段十分重要，但也需要明白三者之間的關連性。約翰使用相當複雜的形象去表達他對基督工作的了解，要從其中理出一個頭緒，先要辨認出基督工作的三個階段皆使用的三大象徵主題，或象徵符號集叢，這將是對我們有幫助的。每一個象徵主題都能讓我們看見基督的工作——從十架到再來——本質上的一致性。三個象徵主題組合起來，就能傳遞最多（若非全部的話）啟示錄對基督工作出色的神學解釋。

第一個主題為**彌賽亞的戰爭**。這是繼承猶太人對彌賽亞的盼望，這彌賽亞是大衛的子孫，由神膏立為王，作祂百姓的軍事領袖。他要跟外邦的壓迫者展開一場戰爭，解放以色列，建立神的統治，這亦是神的彌賽亞和神的子民以色列對世上萬國的統治。[1]應當注意這概念重要的一點：彌賽亞並不單獨舉戰，他帶領以色列軍隊對抗他們的敵人。第一世紀的猶太人，通常把舊約許多預言理解為指向這位眾所期盼的大衛式彌賽亞。把耶穌等同大衛式彌賽亞當然是初期基督教十分普遍的現象。這在啟示錄十分重要，部分原因在於約翰乃是一位猶太基督徒先知，這是其中一種方式讓他可以把舊約先知傳統中的盼望，收集並納入他那以耶穌為中心的終末視象之中。另一個原因是，彌賽亞的戰爭描繪了一個角色，他打敗那些抗衡神統治的異教力量，在地上建立神的國度。我們將看見，約翰很小心地重新詮釋傳統。他的彌賽亞耶穌並沒有以軍事征服來贏取勝利，而那些分享祂的勝利和統治的，也不是民族意義的以色列，而是來自世界各族神的子民。然而，這仍然是勝過邪惡的勝利，不單在屬靈的領域內，也在與世界的權力抗爭的政治領域內，目的是在地上建立神的國度。因為對大衛式彌賽亞的期盼就是對神克勝邪惡的期盼，所以，啟示錄對基督的工作的描繪，是承接著猶太人那傳統的盼望。

啟示錄中大衛式彌賽亞主義的顯著性可從以下事實得知；除了我們曾經思考過的基督的兩個自我宣稱（一17～18，二十二13），還有第三個自我宣稱：「我是大衛的根，又是他的後裔。我是明亮的晨星。」（二十二16）這當中的兩個名號，第一個來自以賽亞書十一章10節（「耶西的根」），用於大衛式彌賽亞身上（「後裔」解釋「根」的意思，與以賽亞書十一章1節「枝子」或「嫩枝」同義，後者是比較常用的彌賽亞稱謂）。第二個名號指向民數記二十四章17節的晨星（在二十四章17至19節的文脈內），通常被人了解為一個符號：大衛的彌賽亞，他將要征服以色列的敵人。啟示錄五章5節也有「大衛的根」，跟另一名號並排：「猶大支派中的獅子」（參創四十九9；4 Ezra 12:31～32）。這個名號喚起了一種皇室彌賽亞的形象，他將以軍事武力打敗列國。其他指向以賽亞書十一章（大衛式彌賽亞主義所喜愛的經文）的彌賽亞的引喻，有出自基督口中的劍（一16，二12、16，十九21），祂以之擊倒列國（十九15；參賽十一4，四十九2），以及祂按公義審判的語句（十九11；參賽十一4）。

約翰在啟示錄中引喻的舊約經文，其中關鍵之一的為詩篇二篇。這詩篇描繪「列邦」和「世上的君王」

商議敵擋「上主並他的彌賽亞」(1～2節；譯按：譯文跟和合本稍有出入)。這彌賽亞是神的兒子(7節)，是上主在錫安山上立為王的(6節)，為在那裏抵擋並制伏背叛的列國。神應許把列國賜給這皇室彌賽亞作為基業(8節)，他會用鐵杖制伏他們(9節)。指向這些彌賽亞勝過列國的引喻可以在啟示錄二章18節、26至28節，十一章15節、18節，十二章5、10節，十四章1節，十六章14節、16節，十九章15節找到。除了這詩篇中明顯的意義外，值得注意的是，約翰添加了彌賽亞的軍隊(十四1，軍隊跟彌賽亞一起出現在錫安山上)，這軍隊將分享他的勝利(二26～27)。此外，約翰很可能引用了詩篇的「世上的君王」一語，以之為他的標準用語，指稱那些對抗神但必被基督打敗的政治力量(一5，六15，十七2、18，十八3、9，十九19，二十一24；參十六14)。

另一從這軍事彌賽亞主義引申出來的是「得勝」這一啟示錄關鍵的觀念。這觀念同時用在彌賽亞自己(三21，五5，十七14)和他的子民身上，他的子民將分享他的勝利(二7、11、17、26～28，三5、12、21，十二11，十五2，二十一7)。我們再次注意到啟示錄中彌賽亞軍隊的重要性。得勝的形象是軍事性的，這不會錯，雖然啟示錄的解釋者經常沒有公平地看待這一形象。這形象跟戰爭的描述緊緊相連(十一7，十二7～8、17，十三7，十六14，十七14，十九11、

19）。而可注意的是，不單基督的追隨者打敗獸（十五2），獸也打敗他們（十一7，十三7），因此在這一場戰爭中，雖然最終的勝利屬於基督，但祂的敵人也會得勝。我們也應注意，描述得勝的文字同時用於基督工作的三個階段：祂於其死亡和復活中得勝（三21，五5），祂的追隨者在終末前得勝（十二11，十五2），以及祂將在再來時得勝（十七14）。是以很清楚，啟示錄運用彌賽亞的戰爭此一形象來描述建立神國度的整個過程，而這形象在啟示錄的使用是糅合了一種基本的轉變：從猶太人的時間角度轉向猶太基督教的終末論。彌賽亞的戰爭不純是將來的，事實上基督已贏取了決定性的勝利，而現在，祂的追隨者則被呼召繼續去打這場仗，最終的勝利仍然有待將來。

三大象徵主題的第二個，是**終末性的出埃及**。因為出埃及是以色列歷史中關鍵的拯救事件，在當中神把祂的子民從埃及的壓迫中解放出來，消滅其壓迫者，讓他們成為祂的子民，帶領他們在自己的土地上享受神治式的獨立，所以自然地，這事件就成為先知和天啟的盼望模型，盼望在將來發生另一更偉大的拯救事件。某些猶太天啟文學中，神在終末的干預中最後審判邪惡勢力，為祂的子民帶來確定的拯救，即被認為是終末性的出埃及，超越第一次的出埃及，正如終末論超越歷史。[2]把耶穌基督拯救的工作理解為帶來終末性的出埃及，這一解釋的蛛絲馬迹可以在新約許多地方找到，但啟示錄卻把這意念發揮得最為完整。

這一複合性的主題，其核心形象乃是：耶穌自己就是逾越節的羔羊（最先在五6、9～10中介紹）。這啟示錄中羔羊的形象指向逾越節犧牲的羔羊，從五章9至10節可以很清楚看出來。這段經文說羔羊藉著自己的血「贖回」一羣子民，使他們成為「一個國度並作祭司服事我們的神」（譯按：譯文跟和合本稍有出入）。後面的片語「作祭司」是回應西乃之約中人所共知的語句（出十九5～6），就本著這一句話，神把從埃及領出來的人收納成為祂的子民。這一個解放，經常被認為是神把他們從為奴的處境中買贖回來成為祂的子民（如申七8，十三5），而同樣的形象亦可用於將來的新的出埃及（賽三十五10，五十一11）。當啟示錄以羔羊的血為救贖的價錢，這就實在超越了出埃及中逾越節羔羊的血所扮演的角色了（參出十二12、23）。再者，逾越節羔羊在猶太期盼的新出埃及中，並沒有扮演任何角色。然而，啟示錄五章6、9節，約翰也許不單引喻逾越節的羔羊，也同時指向以賽亞書五十三章7節，當中受苦的僕人就被描繪為一只犧牲的羔羊。[3]約翰很可能把這節經文跟第二以賽亞對新出埃及的描述連繫起來，把以賽亞書五十三章的受苦的僕人看為新出埃及的逾越節羔羊。無論如何，在基督教對救贖的了解中，耶穌的死扮演核心的角色，這就說明了啟示錄使用新的出埃及這一母題，何以羔羊具有中心性的地位。

十五章2至4節中，在天上得勝的基督徒殉道者被視為新出埃及的子民，他們站在天上的紅海旁邊，這紅海已經走過，他們唱著讚美神的詩歌，這歌是摩西和以色列百姓脫離法老之後站在紅海邊所唱的一個版本（出十五）。再者，在這文理下（十五1、5～十六21），神對他們敵人災難性的審判是以出埃及時埃及所受的災難為藍本的。我們在本書第二章已經注意到，這系列的最後審判是連繫著對西乃山神顯現的聯想（十六18）。其他指向出埃及敍事的引喻為十一章6節和十一章8節。前者講述兩個見證人的活動，部分是模仿摩西和埃及的災難，後者講到大城的其中一個靈意名稱乃是埃及，見證人在那裏被殺害殉道。早在二章14節，作者就把別迦摩教會中的假教師比作假先知巴蘭，前者游說基督徒跟異端妥協，後者引誘以色列人陷入偶像崇拜中，致使他們無法達到出埃及的目的：進入應許之地，他須對此負上責任。

一如彌賽亞的戰爭，約翰採用新出埃及的形象，表明了在他而言，決定性的終末事件已經發生了：新的逾越節羔羊已經被宰殺，他已經為神買贖了一羣子民。然而，新出埃及的目的仍有待完成，就是基督的子民以祭司的身分跟祂一起在地上共同管治（二十4～6，二十二3～5），在應許之地實現神治式的獨立之時。然而，啟示錄的新出埃及並非一成不變地跟隨舊約敘事的次序。約翰使用形象的手法是彈性的(直說就是不連貫地)把基督工作三個階段的特性表現出來，正如啟示錄所描繪的。

第三個用來突出基督工作的主題就是見證。耶穌自己是「誠信真實見證」(三14；參一5)。這名號主要是指向耶穌在地上生活時為神而作的見證，以及指向祂為堅持作見證，甚至付上性命為代價所表現的忠誠。「見證」(*martys*)這字在啟示錄中並不帶有基督教「殉道者」(martyr)的專有意義(殉道者以死為信仰作見證)。這字並非指到死本身的見證，而是指到在言語上對神的真理作見證(參見證跟「神的道」連繫一起的經文：一2、9，六9，二十4；亦參十二11)，以及在生活上對神命令的順服(參見證跟持守誡命的經文：十二17)。可是，這字眼卻強烈意味著誠實的見證會引起反對並導致死亡(二13，十一7，十二11)。一章5節耶穌名號的排列先後即表明了，耶穌的見證導致祂的死亡。

耶穌的追隨者延續祂見證的工作。他們不單被稱為祂的見證人(十七6；參二13)，同時也被稱為持守「耶穌的見證」(十二17，十九10)的，這見證跟他們自己所見證的(六9，十二11)是相同的。「耶穌的見證」並非「見證耶穌」，而是指耶穌自己作的見證，以及祂忠誠的追隨者要繼續作的見證。基本上，這就是耶穌和祂的追隨者對真神和祂的公義所作的見證，這見證並暴露了偶像崇拜的虛假性和那些拜獸者的邪惡。見證的主題跟啟示錄的主要關懷：真理和虛假，是相關連的。某意義上，世界乃一法庭，在當中，誰是真神這一案件要被裁決。在這一審判的較量中，耶穌和祂的追隨者即為真理作見證。在較量的終局，他們的見證被視為真，並成為審判那些拒絕接受真理者的證據，就是那獸和拜牠的。因此，在基督工作的第三階段，即祂再來的時候，見證人就成了審判官；那誠信真實的見證人耶穌（三14），現在被稱為誠信真實，因他審判的行動是按著誠信真實（十九11）。

如果基督的名號：「那誠實作見證的」（一5）是基於詩篇八十九篇37節，那就跟大衛式彌賽亞主義有所關連，但是，約翰肯定把見證這個主題發展成為一個有其自我特色的主題，就是在彌賽亞戰爭的軍事形象之外，同時使用一個並列的審判的形象。他使用這形象的靈感可能來自第二以賽亞的預言。這些預言描繪一幕法庭上的場景，在當中耶和華與列邦的神明相爭，要裁定的是耶和華為獨一真神、創造者和歷史的主這宣稱。在這脈絡下，以色列的人民是「我的見證」（賽四十三10、12，四十四8），被傳召對列邦見證惟有耶和華是真神和救主。這些預言的中心思想跟啟示錄的相近，我們將看到，啟示錄的重點是教會對列邦作見證的角色（這見證同時是對獸偶像化自己的宣稱的一種控訴）：見證神是獨一真神。

基督之死

對啟示錄中基督在地上建立神國之法的整個了解，最為基本的一點，就是確信基督在其死亡與復活之中已經打敗邪惡，贏取了決定性的一仗。五章即描繪這信念，那延續了四章神在天上統治這基礎視象。在啟示了神在天上的主權之後(這在本書第二章已經論到)，接下去的問題就是，祂的主權如何有效地行在地上。約翰看見那一位坐在寶座上的右手有密封的書卷(五1)，書卷內有神建立祂國度的神祕旨意。事實上，其內容正是那要向約翰揭示的他給眾教會傳講的預言。然而，定規只得一人有資格打開書卷，宣布內容。稍後我們須確定書卷的內容，在此我們關心的是，甚麼使得耶穌基督成為惟一合資格打開書卷的？

要了解約翰那被殺羔羊的視象(五6)，關鍵在於確認他所聽(五5)和所見(五6)之間的對比。他聽到「猶大支派中的獅子，大衛的根，他已經得勝」。這兩個彌賽亞的名號，引申出強烈的軍事式和民族式的大衛彌賽亞形象，是列邦的征服者，要毀滅神子民的敵人(參，如1QSb 5:20～29)。然而，這一形象卻由約翰所見的羔羊的形象予以重新解釋：那羔羊的犧牲性死亡(五6)已經把子民從列邦中買贖回來(五9～10)。約翰透過並列兩個對比的形象，鑄造了一個新的符號：透過犧牲性的死亡而得勝。在五章5節引發出來的彌賽亞盼望沒有被否定，耶穌確實是期盼中的大衛的彌賽亞（二十二16），然而因為後者跟軍事暴力和狹窄的民族主義掛鈎，所以就有必要由羔羊的形象予以重新解釋。彌賽亞肯定已經贏了一仗，但祂以犧牲來完成，並且是為了列邦子民的好處的緣故（五9）。如此，大衛式的彌賽亞贏取勝利的方法就由羔羊的形象解釋，而羔羊的形象的意義，現在可以看出，是基於他犧牲性的死亡乃是對邪惡的勝利。

羔羊勝過了誰或勝過了甚麼，並無說明（參三21）（雖然很可能我們該把十二章7至9節所講的米迦勒打敗撒但視為羔羊勝利的象徵）。五章沒有確實說明打敗的對象，因而勝利的範圍是無界限的。我們要明白，一切反對神統治的，都被羔羊打敗了。結果對羔羊的喝采擴展至整個受造世界，坐寶座的那一位連羔羊一同受敬拜（五13），敬拜中亦包含對羔羊勝利的終末性結果的期盼。啟示錄餘下所描述，神對邪惡延續的和終極的勝利，不過是羔羊在十字架上決定性勝利的實現。

無論如何，約翰首要關心的是，羔羊的勝利作為實現勝利的基礎。他順理成章地認為基督犧牲性的死亡已經把基督徒從罪中釋放出來（一5），讓他們成為神終末的子民（一5，五9～10）。在啟示錄的脈絡中，對於教會來說，重要的是她在神國度的普世性來臨中該扮演甚麼角色；這教會早已被建立起來為「一國度和作祭司，事奉神」（五10；譯按：跟和合本稍有出入）。從啟示錄的普世角度來看，神在地上的統治雖然已在教會中實現，卻並非基督勝利的終極目的，當反對神的邪惡勢力仍在地上蹂躪，基督的勝利就有待達成其目的。然而，那些承認神的統治的，在完全實現羔羊的勝利上就扮演著一個不可或缺的角色，這是我們將會看見的。

五章結合了彌賽亞的戰爭和新出埃及這兩個母題，描繪了基督的工作已經完成了。第三個主要的母題乃描寫基督為誠實的見證人，就基督過去的工作而言，這母題跟上述兩者沒有明顯的關連。然而，在講及基督徒如何分享基督勝過撒但的勝利一事上，我們卻可以看見這三個母題之間的關連。

弟兄勝過牠〔撒但〕，是因羔羊的血
和自己所見證的道。
他們雖至於死，也不愛惜生命。
（十二11）

整節經文限定了「羔羊的血」：不能單純指基督的死，也必指到基督徒殉道者的死。他們追隨基督的榜樣，甚至以生命為代價來作見證。[4]然而，這以至於死的見證本身並無獨立價值，其價值在於那是羔羊見證的延續，因此他們是藉著羔羊的血得勝的。他們的死能夠打敗撒但，只在於參與了羔羊藉祂自己的死亡勝過了撒但的勝利。這樣子解釋十二章11節即把我們帶進基督工作的第二階段——在這階段中基督的追隨者延續祂的工作。但是，若要了解世上基督徒的誠實追隨是怎麼樣使基督的勝利產生果效的，那就必須要考慮誠實的見證這個題目。

殉道大軍

當啟示錄的讀者或聽眾讀到或聽到五章5至9節對基督的勝利的描繪時就已經知道，基督徒是要像基督那樣得勝。二及三章給七教會的每一段信息，都包括了給予那「得勝的」一個應許——終末的回報（二7、11、17、26～28，三5、12、21），最後的那節經文乃一策略性的布置，預指五章5至6節：「得勝的，我要賜他在我寶座上與我同坐，就如我得了勝，在我父的寶座上與他同坐一般。」（三21）我們在七章首次碰見這些得勝的基督追隨者。第七章延續彌賽亞戰爭的主題，把基督的追隨者描繪為大衛式彌賽亞的軍隊。[5]

七章4至14節用上了五章5至6節相同的設計，把約翰聽到的（七4）跟所見的（七9）作一個對比。他把以色列十二支派的十四萬四千人（七4～8）跟列國無數的子民（七9）對比，這兩個形象描繪同一的實在，並且跟五章5至6節基督兩個對比的形象相平行：十四萬四千以色列人是大衛式彌賽亞、猶大的獅子的追隨者(注意，猶大支派被列於首)，而無數的羣眾則是被殺羔羊的子民，從列邦中買贖回來的(五9)。正如聖經中逾越節羔羊的形象重新解釋所期盼的大衛式彌賽亞，聖經中對列祖應許的其中一個形象，也被用來重新解釋彌賽亞追隨者那種純民族主義的形象。據此，列祖的後裔將要數之不盡(創十三16，十五5，三十二12)，因此，教會被描繪為一從列邦而來數之不盡的羣體，並非因為第一世紀末基督徒實際上數之不盡，而是因為約翰對神要透過基督成就一切的應許充滿信心。

除此之外，在十四萬四千以色列人跟無數羣眾之間，還有另一個對比，致令其與五章5至6節之間的平行更為嚴謹。這十四萬四千人是一支軍隊。七章4至8節數點以色列人的支派，即已隱含這一觀點。在舊約中數點人數經常是計算國家的軍事力量，在其中只點算合資格參戰的適年男丁。十二支派的十二小分隊是以色列的全軍，根據傳統終末盼望，他們要在末日重新聯合起來，在猶大獅子的號召下聚集，打敗壓迫以色列的外邦人。而那些在天上慶祝勝利的羣眾，他們把勝利歸於神和羔羊(七9～10)；他們是那些「曾用羔羊的血把衣裳洗白淨了」的人(七14)，就是指他們是殉道者，以自己的死亡，參與了羔羊的犧牲性死亡而得勝。不錯，大多數釋經學者都把七章14節指向基督把基督徒從罪中拯救出來，但我們在十二章11節已經看見，羔羊的血必須指向殉道，因為七章14節中行動的主體是羔羊的追隨者，跟十二章11節相平行；羔羊的血若是指向基督徒的拯救的話，則他們必定是祂行動的對象（一5，五9）。

因此，正如五章5至6節所描寫的，身為彌賽亞的耶穌基督已經贏取了勝利，只是以犧牲的死亡而非軍事的能力來完成，七章4至14節也描繪身為彌賽亞子民祂的追隨者，分享祂的勝利，但也同樣地，藉著犧牲性的死亡而非軍事暴力。這一解釋在十四章1至5節得到印證，當中十四萬四千再次出現。十二至十四章描繪彌賽亞的戰爭中的戰士，十二至十三章描繪龍、獸和第二個獸成功發動戰爭對抗神的子民（十二17，十三7），但十四章1節羔羊和祂的軍隊站在錫安山上抵抗他們，正是彌賽亞式君王戰勝敵國的地方（詩二6）。經常被誤解的貞潔（十四4上）意指軍隊的形象；基督的追隨者被象徵為一支成年男人的軍隊，他們遵守古代參與聖戰禮儀的潔淨要求（申二十三9～14；撒上二十一5；撒下十一9～13；1QM 7:3～6），必須避免因性交而玷染禮儀上的污穢。這種禮儀上的潔淨屬於軍隊的形象，它正確的對應乃是約翰觀念中教會道德上的純潔，非指性的禁欲主義。然而，正如五章5至6節以軍事式和犧牲性的結合形象來描繪基督，十四章4節下至5節也就把軍隊的形象變為祭品的形象，並且軍隊禮儀上的潔淨這一形象，也變成了獻祭中毫無瑕疵的形象。新修訂標準版聖經（*NRSV*）翻作'blameless'（「不能指責的」（*amōmoi*）一詞是禮儀用語，指的是動物被接納為祭牲的條件：身體的完全（出二十九38；利一3，三1）。

然後，再翻出與這禮儀的形象意義相等的文字：「在他們口中察不出謊言來」（十四5）。這就跟真與假的主題拉上關係（在啟示錄這主題很重要），並引出啟示錄中描述基督工作的第三大母題：為真理誠實作證。在約翰使用這些字句：「在他們口中察不出謊言來」之時，同時也回應了舊約中一些重要的經文：西番雅書三章13節，述及神終末的子民「口中也沒有詭詐的舌頭」，以及以賽亞書五十三章9節那受苦的僕人，「他像羊羔被牽到宰殺之地」（五十三7），「口中卻沒有謊話」。約翰揭開了（以猶太釋經的方法）這些經文之間的一致性。羔羊的追隨者仿傚羔羊，「無論往哪裏去，他們都跟隨他」（十四4）。這跟隨意即學傚祂的真誠，即「誠實作見證」，以及由此而來的犧牲性死亡。是以，羔羊的軍隊的勝利，就是真誠見證的勝利，這見證不惜以犧牲性死亡去堅持。正如十二章11節，彌賽亞的戰爭、逾越節的犧牲和誠實作見證這三個形象是互相糅合一起的，並且彼此解釋。

回到七章，在那裏初次描繪羔羊的追隨者透過殉道而得勝。重要的是注意其在眾多視象中的位置，它被安插在第一系列審判中的第六和第七審判之間：揭開封印。揭開第六印似乎是預期最後審判的即將來臨（六12～17），但當神的僕人要被蓋印，審判就延遲了（七1～3），這蓋印的形象後來成為他們殉道的標記。我們現在可以看見七章怎樣跟揭開封印的審判連繫起來。當第五印揭開，過去的基督徒殉道者呼喊要為他們的血平反，但卻有話告訴他們要等候，直到其餘的基督徒殉道者的數目滿足。換句話說，最後審判惡者，平反殉道者，會延遲直至其餘的羔羊追隨者也同樣被殺殉道為止。這就是為甚麼他們的勝利被安插在第六和第七印的揭開之間。我們可以想望在下一系列的審判的對應位置，即在第六和第七號之間，找到同一主題的進一步說明。

殉道的意義在哪裏？在甚麼意義底下那是追隨者延續基督的工作，實現祂藉自己的死亡而達致的勝利？當只讀到七章，看來殉道僅只是為了殉道者自己的緣故。從新出埃及形象最明顯的意義來看，似乎神的子民，即那些從各國買贖回來歸屬祂自己的子民（五9），是藉著殉道而從邪惡的世界被拯救出來。他們在天上勝利，而他們在地上的敵人則注定要受最後的審判。只有延遲審判，他們才能因殉道而免卻了。這是啟示錄一章直到七章所要告訴我們的。但直到目前為止，當神在地上建立神國之時，教會在當中究竟要扮演甚麼角色，神這旨意的真正奧祕還沒有向約翰揭示，那只有在吹號系列中的第六和第七審判之間方才揭示出來（十1～十一13）。

揭開封印的書卷

我們需要回到那封妥的書卷，因羔羊的得勝祂被宣佈為配展開書卷的（五1～9）。[6]書卷要揭示的是，根據這裏所講的神祕密的旨意，在神於地上建立對世界的統治的過程中羔羊的勝利如何產生果效。只有羔羊才能展開書卷，開啟其內容，因為祂的勝利使得內中所藏的神的旨意有落實的可能。更具體來說，我們將看到，書卷將會揭示，基督的追隨者須如何藉著見證、犧牲和勝利跟隨基督，而有分於神國的來臨：因為羔羊已經得勝，祂能夠揭示追隨者得勝的方法。

書卷以七印封嚴（五1），從六章1節到八章1節羔羊逐一揭開七印。然而，與揭開七印同時發生的事件並非如啟示錄的釋經學者經常假設的，是書卷的內容。如果書卷的內容藉著揭開一連串的七印而逐漸開啟，那麼這就是一卷很奇怪的書卷。七印打開時發生的事件，僅只是伴隨著七印的打開。逐一打開七印是一文學設計，讓約翰可以敘述一連串的視象，為揭示書卷的內容作**準備**。無論是那伴隨著揭開七印而出現的七審判，或是那緊隨著第七印即最後一印的開啟而來的七號，都不是書卷的內容。

在十章2節及8至10節，那已被打開的書卷再次出現。大多數解釋者都被十章2節及9至10節的同字誤導（*biblaridion*是小詞〔diminutive〕的格式，但跟同時期許多小詞格式的希臘文一樣，其意思未必跟*biblion*有別，五1～9，十8就用了*biblion*這字），認定十章所說的書卷跟五章的是不一樣。但約翰很小心地指出它們是同一的書卷。[7]那位把書卷從天上帶來的天使（十1～2）被稱為「另一位大力天使」（十1），如此就跟五章1至9節做成一種文學的連結，因為五章2節首先提及「大力天使」。更有意義的是，四、五和十章的內文是緊貼著以西結書蒙召的視象的（結一1～三11）。跟以西結一樣，約翰看見神聖寶座的視象（啟四章；參結一章），這視象是為了準備向先知傳遞先知式信息而設的。約翰對神手中書卷的描述（五1）是仿傚以西結書類似的描述（結二9～10）。在以西結書中神自己展開書卷（二10），賜給先知並命他吞吃（三1～2，吞吃書卷象徵先知吸收傳遞給他的神聖信息），當以西結吞吃時口中覺得甘甜如蜜（結三3）。在啟示錄，指向這段舊約經文的引喻始自五章1節，正是剛才所指出的，然後在十章2、8至10節延續，講述天使把展開的書卷遞給約翰，他吃了發覺口中甘甜如蜜，但肚子發苦。以西結書跟啟示錄的差別在於書卷的開啟。在啟示錄中，書卷被賜予約翰吞吃之先，必得由羔羊展開，因此，書卷是羔羊從神的手中拿來（五7），展開（六1、3、5、7、9、12，八1），然後才經天使從天上拿到地上（十1～2）給約翰吞吃（十8～10）。

這啟示的傳遞過程，從神到先知約翰，完全對應一章1節。一章1節講述書的內容——這啟示，是由神賜給基督，以致祂可以差遣天使曉諭祂的僕人約翰，然後再指示祂的眾僕人（亦參二十二16）。我們現在即明白，天使作為傳遞啟示過程中的必要一環，為甚麼要到十章1節方才出現：因為在此之前，約翰在啟示錄所傳遞的先知式的啟示，其主要內容還沒有賜給他。在十章之前的一切都是預備，對了解啟示是必須的，但其本身卻不是啟示。確認此一被忽略要點，是了解啟示錄的重要關鍵。

把書卷的內容傳遞給約翰，是發生在第六和第七吹號之間的延長插曲的第一部分（十1～十一13）。要注意的是，九章12節和十一章14節的標記把這一段插曲牢牢地跟第六而非第七號連繫起來。為甚麼在這時候把書卷交給約翰？為甚麼要在七審判的第二系列將要結束之時？我們在本書第二章注意到，所有三系列的審判跟啟示錄四章神乃至高的和聖潔的視象，關係密切。這些審判把神聖潔的旨意在邪惡的世界發揮其影響力。然而，到第六號的審判，連第六號在內都是很有限度的（見六8，八7～12，九5、15、18），這些都是警告性的審判，用來叫人悔改。在插曲之前的九章20至21節清楚表明，事實上這些審判並沒有帶來這樣的果效，那些逃過審判的沒有悔改，這即意味著單是審判並不能帶來悔改和信心。

這就是為甚麼插曲很早時，就明白提出進一步的連串審判——七雷（十3～4），但卻被撤回。這七雷不像書卷須被封嚴，約翰不可在預言中寫出其內容（十4）。換句話説，逐漸嚴重的警告性審判再也不會延長，這並非因為神的耐性已去到盡頭，而是這樣的審判沒有帶來悔改。是以，在影響及地上四分一的審判系列（六8）和那影響地上三分一的審判系列之後（八7～12，九15、18），並沒有照我們或預期的另一系列的進一步審判。無疑，七雷很可能會是這樣的一個系列。但現在只剩下最後的審判，就是第七號（十7）。當第七號的詳細內容——七碗逐一被揭示（十五1），那就是全面而沒有限度的審判（十六2～21），帶來的是不悔改的最後滅亡。

既然七雷被禁止，因而仍然封嚴（十4），那麼向約翰啟示的，就是書卷的內容了。那是神的旨意，在此之前還沒有揭示：世界的悔改。這個目標是不能單靠審判而完成的。吃了書卷，約翰被告知要以預言來宣佈其內容：「你必**指著**多民、多國、多方、多王再説預言」（十11）。「再」這字不單把這預言跟之前約翰的先知活動相對比，而是跟十章7節所指的所有先前的先知的啟示相對比。神早已向新舊兩約時期的先知啟示，祂最後要在地上建立祂的國度，這啟示包括了在此之前約翰在視象中所描述的。還沒有啟示的(約翰在此掀開的一點線索除外)就是羔羊的追隨者的角色，他們要透過自己的見證和死亡帶領世界悔改並相信。未能解決的一點是，究竟剛剛引用的十章11節應該翻譯為「你必**指著**多民、多國、多方、多王再說預言」，或是，「你必**對著**多民、多國、多方、多王再說預言」？兩者都合理。約翰的預言起初是向眾教會啟示其要扮演的角色：向萬國作先知式的見證；但間接地，這預言也**是**教會向萬國作先知式見證的內容。

書卷內容隨即在十一章1至13節撮要式地被揭示出來。因此，這經文包括了約翰整個預言的核心信息，被置於此是要指出教會向列國所作的見證，如何在最後審判(即第七號)到來之前插入干預；當第七號吹起的時候，神的國度終於降臨(十一15～19)。然後，在十二至十五章更詳盡地處理教會跟邪惡勢力的必勝的抗爭；然後，這抗爭再被引進下文對最後審判和審判結果的長篇敍述之中(十五～二十二章)。十一章1至13節跟十二章至十五章的關係可作如下看：一連串的新形象在十一章1至13節被引介出來，簡短得令人費解，有待下面的篇章作更深入的處理，其中包括大城(十一8)，獸及其跟聖徒的爭戰(十一7)，教會與獸抗爭的一段象徵時期(十一2～3)時期。等到十二章至十五章教會與獸的衝突被置於一更廣闊的脈絡中，這些形象才再次被提出來。而十一章1至13節本身，就記載著約翰對這個題目最詳盡的描述：教會的見證怎樣保證列國的悔改和相信。是以，我們必須特別注意這段經文。

兩個見證人

書卷的內容並非關乎誠實的基督徒要受苦殉道或是他們的殉道將是他們的勝利，因這些在六章9至11節和七章9至14節早已清楚表明了。新的啟示乃是，他們的誠實見證和死亡將要成為世界各國歸正的工具。他們的勝利不僅是自己將要從一注定要受審判的世界中被拯救出來(從七章看來也許如是)，更是萬國的拯救。神國度的來臨，不僅僅只是拯救一個被揀選的民族，他們在背叛神的世界中仍然承認神的統治，神藉著消滅反叛者而讓祂的國度勝過反叛的世界；神的國是藉著那些已經承認神統治的選民的犧牲性的見證，帶領反叛的萬族同樣承認祂的統治。神的子民已經**從萬族**中被拯救出來(五9)，因而可以**對萬族**(十一3～13)作先知式的見證。

兩個見證人的故事(十一3～13)以戲劇化的表現所象徵的，正是這一點。這裏的兩個人代表對世界作誠實見證的教會。他們的故事既不可以按字面也不可以按寓意的方式來了解，彷彿這故事的情節就是要對應教會歷史的事件次序。故事較像一個比喻，它把教會見證的性質和結果戲劇化。因此我們不應認為，舉個例子，故事是要表達：只有當所有誠實的基督徒都完成見證並受苦殉道之後，他們才能在敵人眼中得值而使敵人歸正。更可能的是，這故事是要把基督徒向世界作誠實見證的過程中將要遭遇的一切，戲劇化地表現出來。

兩個見證人象徵教會向世界作見證的角色，這可從他們之比作為燈台看出來（十一4），那正是教會的符號，在一章中七燈台代表七所教會（一12～20）。這裏的見證人只有兩個，並非表示只代表教會的一部分，而是對應聖經中人所共知的要求：二人的見證方為有效（申十九15）。是以這兩個見證人就是教會就著她誠實作見證的角色而言。身為見證人，他們也是先知（十一3～10），特別以舊約以利亞和摩西的形象為模本（十一5～6；參王下一10～12；王上十七1；出七14～24），[8]但他們並非再生的（*redivivi*）以利亞或摩西，因為二人同時擁有以利亞和摩西的權柄（十一6）。這裏也不是以摩西和以利亞代表律法和先知。兩個都是先知。身為先知，他們對抗異教崇拜偶像的世界，為教會豎立向世界作見證的先例。

摩西和以利亞並沒有受苦殉道，但新約時代，殉道經常被視為大部分舊約先知的命運，而事實上，這已被認定為每一個先知預期的命運。但在十一章8節中卻以耶穌之死作為兩個見證人之死的首要先例。他們在三天半後的復活和升天（十一11～12）繼續延展這一平行；約翰把福音故事的三天改成了傳統的天啟數字三又一半。是以，見證人延續的是耶穌自己的見證，他們的死參與了羔羊的血。從十一章9至10節行文所表達的普遍性可以清楚看到，這見證是對萬族作的。他們說預言、死亡、作見證的場景，不可能是耶路撒冷，雖則經文提及耶穌在那裏被釘十架（十一8），但正因為經文有了這個指涉，就不能單指羅馬而言；在啟示錄別的地方在巴比倫這符號底下，「大城」暗指羅馬（十四8，十八16、18、19、21）。這城市是任何一個城市，是教會在其中向列國作先知式見證的地方。

單是審判不能引致悔改（九20～21）。見證人的見證卻確實帶來悔改，雖然並非完全不藉著審判，而是一邊也用審判（十一6～13）。要點並非單單在於他們對真神及其公義的見證加強了審判的確實，雖則他們堅持見證以至付上生命的代價，肯定地是強而有力的證據。這也甚至不是簡單到以為只有在言語的見證下人才會清楚明白到，之前的審判是來自神。要點反而是，審判自身並沒有傳遞神恩慈的心意：要寬恕那些悔改的，雖然經文中的見證人給人很嚴肅的印象，但我們卻應當十分著重他們穿著麻衣這事實（十一3；和合本譯「毛衣」），因那是他們說話內容的惟一標記。穿著麻衣是悔改的符號（參拿三4～10；太十一21；路十13）。這表示他們跟沈迷偶像崇拜和邪惡的世界對抗，宣告獨一真神，以及祂要來臨審判邪惡（參十四7），但他們這樣做，乃是**一種悔改的呼召**。是以當他們的見證沒有被死亡所駁倒，反證明為真理的時候（十一11～13），所有看見的人就都悔改。13節肯定意指所有生還者真心悔改，承認獨一真神。對他們的回應的描述，是對應天使的邀請，在十四章6至7節天使呼召列國承認神。13節也跟九章20至21節相對比（參十六9～11），在吹號的審判之後，「其餘的」（*hoi loipoi*）都不悔改（九20）；但在兩個見證人的見證被確認為真，地震出現之後，「其餘的」（*hoi loipoi*）就畏懼神，歸榮耀給祂（十一13）。

見證人出色的普世、正面的結果，在十一章13節的象徵性計算突顯了出來。舊約先知宣告的審判，十分一(賽六13；摩五3)或七千人(王上十九18)為忠心的餘民，是審判清除了大多數後所剩下的。約翰以獨特的聰明手法把這個逆轉過來：只有十分一人遭受審判，生還的餘民(*hoi loipoi*)是十分之九。性命被留下的並非忠實的小數，而是不忠實的大多數，好讓他們可以悔改歸信。應當歸功於見證人的見證，這審判實際上是搶救的工作。這樣，約翰就指出了二人見證的新奇之處，這不同於舊約的先知——約翰引用的先例。特別在使用七千這個數字上更顯出了這一點：七千引喻以利亞事工的果效。以利亞叫審判臨到所有的人，只有那忠心的七千人的性命要被留下（王上十九14～18）。而兩個見證人卻要帶來所有人的悔改，只有那七千個要被審判的除外。當然，對比是以象徵性的語言來表達的，若驚訝於何以那七千人沒有都悔改呢，那就是不恰當的。

成為見證人，帶領列國歸信獨一真神，是神終末子民簇新的角色，那只有羔羊才可以展開的書卷向我們啟示了這一點。如果我們問，何以教會先知式的見證能有如此果效，舊約先知卻沒有，答案無疑是，這力量來自羔羊自己的得勝。羔羊的見證可以有這樣的能力，因為祂持守見證以至於死，又藉著復活以證實其真實。當祂的追隨者同樣作誠實的見證人，以至於死，他們的見證就分享了這個能力。十一章11至12節的象徵敍述，並非意指列國在相信基督徒殉道者的見證以前，先要看見他們如字面所說的從死裏復活，而是要看見，殉道者參與在基督勝過死亡一事中。事實上，在教會誕生的最初幾個世紀裏，基督徒的殉道叫人動容，贏取了人心信靠基督教的神，其原因正是在此。殉道者如此有力地見證福音的真確性，因為他們對基督勝過死亡的信心明顯得叫人信服，這可見於他們面對死亡的方式，以及自己死去的方式。

打敗獸

我們已經查考過三個主要的象徵母題——彌賽亞的戰爭、新出埃及和見證；當然，見證這一母題主導著兩個見證人的故事（十一3～13），雖然當中有彌賽亞的戰爭（十一7）和新出埃及（十一6～8）的伏線。十二至十五章重拾和發揮這兩個母題，並且以更長的篇幅來處理基督的誠實追隨者，其在神國來臨中所擔任的角色。在這一節我們會考量十二至十四章彌賽亞的戰爭這個母題。[9]

「得勝」是啟示錄對讀者或聽眾的呼召，是全書的結構和主旨的基礎。這要求讀者主動參與那對抗邪惡的神聖戰爭。對眾教會所說的七信息都帶有這目的，這可見於每一段信息結束時對得勝者的應許（二7、11、17、26～28，三5、12、21）：鼓動讀者參與戰爭，對抗一切敵對勢力，建立神普世的國度。這些應許的終末性內容，加上在全書最高潮中（二十一7）給予得勝者的對應的應許，顯示出教會的成員只有藉著得勝才能進入新耶路撒冷（參二十二14）。介乎七信息和新耶路撒冷這最後的視象之間的眾多視象，是讓讀者逐漸明白得勝牽涉了甚麼在內。

「得勝」這動詞是有意不表明受詞的（除了一次之外，就是十一章7節獸作主詞），直至十二章，因為只有到了十二及十三章才引出神的頭號敵人——他們必定要被打敗以讓路給神的國度。頭號敵人就是撒但的三一：龍或蛇(一切敵對神的遠古、超自然的根源)、獸或海獸(羅馬帝國的力量)，以及第二獸或地獸(帝國崇拜的宣傳機器)。[10] (巴比倫這大淫婦代表羅馬城的腐敗和剝削的文化，由帝國的政治和軍事力量所支撐，直至十七章才被正式引介。她佔有一個頗不同的角色，基督徒不是被呼召去打敗她，而是要「從那城出來」〔十八4〕，即從她的邪惡中脫離出來。) 十二及十三章的形象強烈地帶有神話的意味，把基督徒和羅馬勢力之間要來的衝突，置於對抗神及其誠實子民的宇宙性邪惡戰爭的視角底下。開頭的蛇與女人之戰(這女人生的孩子最後要打敗蛇；見十二1～5)把故事帶返伊甸園(參創三15)；又因這女人不單指夏娃也指錫安，那是彌賽亞出生的地方(參賽六十六7～9)，就把基督之前的以色列歷史也包括進去。某些最古老的神話形象再次出現：神聖戰士戰勝混亂的惡獸。那龍是七頭蛇利維坦(Leviathan)，上主會在末日以其大劍懲罰牠(賽二十七1)，而獸的祖先也可追溯(通過但七2～8的諸獸)至利維坦，因牠是從海中上來的。再者，把海獸和地獸(十三1、11)連繫起來，就回應了傳統所說的雙獸——利維坦和巨獸(或河馬〔Behemoth〕)，牠們分別是海和地的統治者。是以，獸類的形象在本質上乃邪惡的原始力量，注定要在末日為神聖戰士徹底地打敗，但現在卻以羅馬帝國的壓迫力量為形體，其軍事暴力以及對自己力量的神聖化，較過去的邪惡諸國更要厲害（但七2～8）。

基督徒作為羔羊的軍隊（十四1～5），就是被召以其誠實以至於死的見證，即藉羔羊的血打敗這一切威嚇的力量。他們早就這樣打敗過龍了（十二11），龍已經從天上被摔下來，現正在地上以政權的形式聚合牠的力量（十二12、17～十三2），他們也必須打敗獸（十五2）。只是「得勝」的意思沒有那麼簡單，因有話說（正如在十一章7節所預見的），「任憑牠〔獸〕與聖徒爭戰，並且得勝」（十三7）。意思不是說獸和基督徒輪流得勝，而是，約翰把同一事件——基督徒的殉道——描寫為既是獸勝過他們，也是他們勝過獸。這樣，約翰拋出了問題：誰是真正的得勝者？答案全在於，從拜獸者地上的角度來看，抑或從約翰的視象為讀者所開啟的天上的角度來看。對於住在地上的人來說（十三8），很明顯獸已打敗殉道者。獸那看來通行無阻的政治和軍事力量贏得世界的稱羨和敬拜，現在看來甚至連耶穌的見證人也勝過了，似乎牠可以把基督徒殉道者置諸死地而免遭懲罰。這看來是獸那種不能被打敗、像神一樣的能力的最終證明。看來在誰是真神這一法庭爭辯中（是獸，抑或是殉道者所見證的那一位），判決十分清楚：殉道者的證據已被駁倒。

就連基督徒也一定被這種看法誘惑過。他們是一小撮沒有權勢的小民，要對抗的是國家壓倒性的權力和異教社會壓倒性的壓力。拒絕妥協就使得自己成為更無助的受害者。如果那獸明顯是不可抗拒的，抗拒還有何用？但約翰的信息是，從天上的角度來看，事情是完全不同的。殉道者才是真正的勝利者。誠實地見證神以至於死，並非成為獸的犧牲者，而是奪取陣地對抗牠，並贏取勝利。然而，只有從天上的視象（七9～14，十五2～3）或是從天上的聲音（十一12，十四2）才能**確認**殉道者為勝利者。天上的觀點必須介入獸所宣傳的假象（那是受著地上的觀點所限制的），從而對同一經驗的事實作出不同的判斷：看來是獸的勝利，實質上乃殉道者的——也因此是神的——真正勝利。

天上的觀點有真理的能力。當殉道者為真神作見證，反抗獸那偽裝為神的宣稱，拒絕承認獸的謊言的時候——雖然他們或可藉此逃過死亡——他們就打了一次勝仗，讓真理勝過謊言。獸的謊言騙不到他們，就是用強迫的手段也不能贏取他們的口惠。牠能殺死他們，卻不能壓制他們為真理作證，他們的死並沒有駁倒他們的證據，因為即使他們死亡，真理叫人信服的力量依然強過僅以物質能力壓制的力量。是以，在邪惡力量和羔羊軍隊之間，也許最重要的對比乃是謊言和真理的對比。龍是那欺騙全世界的（十二9；參二十2～3、7～8），第二獸以宣傳獸的神性來欺騙住在地上的人（十三14；參十九21），巴比倫以邪術來欺騙列國（十八23），而羔羊的追隨者呢，他們就如羔羊自己，完全是無虛謊的（十四5；參三14）。

這樣，彌賽亞的戰爭這主題就把我們帶返見證真理的主題。如常地，約翰的幾個大主題是彼此解釋的。然而，彌賽亞的戰爭這主題有其自己的重要性。約翰使用軍事的形象對殉道者的死作兩面的估量——獸得勝，羔羊也得勝利——如此他最有效地提出了這個重要的問題：該從哪一面看，世界是一處以軍事和政治勢力稱雄的地方，抑或是一處為見證真理忍受苦難而最終得勝的地方？於是，啟示錄向讀者提供一先知式的分判，這分判以基督信仰的核心為指南：耶穌基督藉著受苦的見證勝過了一切邪惡，贏取了全面的勝利。這也呼召讀者在實踐上勇敢地堅持這種分判，正如加插在彌賽亞戰爭中的呼召所明示的：「聖徒的忍耐和信心就是在此」（十三10；參十四12）。現代術語稱殉道為「被動的抗命」，約翰的軍事形象卻將之塑造為主動的，一如現實中任何一場戰爭一樣。一方面約翰拒絕天啟文學的好戰精神，反對向羅馬發動真正的聖戰，另一方面，約翰的信息並非：「不要抵抗！」而是，「抵抗！——以見證和殉道的方式，非以暴力。」在亞細亞城市的大街小巷，約翰的讀者並不是要妥協，而是要抵抗異教國家和異教社會的偶像崇拜。他們這樣做，就要在羔羊勝利的實現中扮演不可或缺的角色。

約翰是否預期，在跟羅馬帝國權力逼近的衝突底下，所有誠實的基督徒都要受苦殉道？他肯定是那麼寫，仿佛他就是那麼想。雖然在啟示錄中，「得勝」一語並非簡單意味著以殉道的方式死去，但肯定包括了死亡（十二11）。基督徒藉著誠實地見證神的真實，甚至不惜以死來堅持下去，勝過那獸；藉著這個方式，他們以至於死的誠實見證就分享了基督藉以至於死的誠實見證所贏得的勝利力量：他們得勝，「是因羔羊的血」（十二11；參七14）。但啟示錄中所表達的「得勝」，並非是某些基督徒才被呼召去完成的。給眾教會的七信息，每一段的結尾是給得勝者的應許，這表達了得勝是基督徒通往終末命途的惟一途徑。在二十一章7節神自己給得勝者的應許中就加強了這個觀點。明顯地只有兩個選擇：或是得勝並承受終末的應許，或是在火湖裏受第二次的死（二十一8）。二十二章14至15節把同樣的兩個選擇寫成是約翰讀者的惟一選擇（那些「洗淨自己衣服的」〔即在羔羊的血中〕是殉道士；參七14）。

許多解釋學者，對約翰預期所有基督徒無一例外要殉道，都不大願意接受，這是可理解的，但經文卻清楚地包含這個意思。另一方面，約翰看來也頗能寫出仿似主再來時還有活著的誠實的基督徒（三20，十六15）。這表明了在這個問題上，一如在許多別的問題上，啟示錄中的形象被人過度地按字面去解釋。即使是最老練的解釋學者都很容易掉進這個窠臼，把形象視為密碼，以為只需解碼就可解開字面的預測。然而，這就沒有認真地視形象為形象。約翰以形象來描繪將來，較之字面的預測也就有所增益和減省。減省，是因為啟示錄並沒有為將來事件的進程提供字面意義的大綱，彷彿預言只是預先寫下的歷史。增益，是因為其提供洞見，了解神對將來的心意是何種性質，並由此而塑造讀者面對將來的態度，以及邀請他們積極參與神聖的心意。

在這樣的亮光下，我們可以看見為甚麼啟示錄所描繪的將來，**好像**所有誠實的基督徒都會殉道。全書的信息是：如果基督徒忠於他們的呼召，為真理作見證，對抗獸的宣稱，他們將會引發跟獸的衝突，其嚴峻之程度乃一場生死搏鬥。十三至十四章的形象把這情景絕對化，以揭示目前的真正危機。獸不會容忍那些反對其自我神化的異見；為真理作見證跟同牠的謊言妥協是不能共存的，因此選擇是絕對清楚不過的：敬拜獸、抑或面對殉道。沒有人可以在這一清楚的格局中逃避選擇，這就把約翰對教會與帝國這議題的先知式觀點帶進去：在神的真理跟獸的偶像敬拜的謊言之間，沒有妥協的餘地。這是聖經先知傳統裏特有的一種眼光（參王上十八21）。這不是按字面預測的每一個誠實的基督徒都必定被處死，這是要求每一個誠實的基督徒都必須準備受死。得勝的呼召不容許基督徒有中間路線，或想借著跟獸妥協而免死。在約翰所預見的處境中，殉道一如從前，是誠實見證的基本性質。並非每一個誠實的基督徒都真的要被處死，但所有誠實的見證人都要有接受殉道的毅力和忠誠（十三10），如果殉道來到的話。如果必須以文字把這得勝的呼召翻出來，那麼我們可以說，這呼召要求每一個基督徒都準備好，去迎接那因誠實見證而來的死亡。

地上的收成[11]

十二至十四章描繪了從道成肉身（十二5）到主再來（十四14～20）的彌賽亞戰爭，只是這軍事的形象在整個敘述結束之前已被放棄，以其他形象取代之。在十三章我們看到獸向聖徒開戰，而在十四章1至5節，我們看見羔羊的軍隊——那些殉道士——在錫安山上成功地抵擋攻擊，慶祝他們在天上的勝利。但在這描述羔羊跟隨者的段落結束之前，形象已由軍事用語轉到犧牲和見證的用語上（十四4下～5）。接著，殉道者的勝利對列國造成的影響（十四6～11），及主再來時這一仗的最終結果（十四14～20），就用另一些形象來表達，跟彌賽亞的戰爭完全不同。理由是，正如我們早已從十一章3節至13節得見，羔羊的追隨者在彌賽亞戰爭中的角色，是要帶領列國悔改並相信真神，這是不能用戰爭的形象來描繪的。

於是，殉道士的見證對列國的影響就用十四章6到11節中三位天使的宣告來描寫，這些宣告針對的對象，正是那些服從獸的統治而拜獸的普世國民（十四6；參十三7～8）。獸和基督徒殉道者之間的衝突把這個抉擇擺在列國的眼前：留心殉道者的見證，從偶像崇拜中悔改（十四7），或是接受神對所有拜獸之人的審判（十四9～11）。這抉擇的結果，亦即整個抗爭的最後結果，即以一個新的形象來描述——一個傳統終末圓滿的形象，但在啟示錄中到了這一刻才被引進，這就是收成的形象；這個形象約翰以兩種方法來寫：莊稼的收成（十四14～16）和葡萄的收成（十四17～20）。

這雙重形象出自約珥書三章13節，雖然這節經文實際上是描寫葡萄收成的兩個階段，但希伯來文中用於收成一詞最常用於莊稼的收成，因此約翰是這樣子理解約珥書三章13節的（他也並非第一個這樣做，參可四29）。這樣，他從約珥書拮取了兩個形象——莊稼收成和葡萄收成——無論如何，這兩個都是早已確立的有關終末圓滿的形象（參賽六十三1～4；太十三39～42；可四29；4 Ezra 4:28～32；2 Bar. 70:2）。他用這兩個形象描繪兩個層面，主再來的正面和反面：把歸正的列國收入基督的國度，並對不悔改的列國施行最後的審判。這樣子解釋兩個形象，極少為解釋啟示錄的前人所接受，但約翰很清楚以三種方式顯明這種解釋。

首先，兩個形象都各自跟同一章較早前的另一個形象相關。「神忿怒的大酒醡」（十四19）同時回應「邪淫、大怒之酒」（十四8），是巴比倫讓列國喝的，以及「神大怒的酒；此酒斟在神忿怒的杯中純一不雜」（十四10），[12]神讓所有拜獸的人都喝。巴比倫的酒乃腐化的生活方式，那是她為列國提供的，好引誘他們敬拜獸。神的酒是對列國的審判（這也可以從其指向賽六十三3的引喻中得見，這裏跟珥三13結合起來）。

對應莊稼收成的形象在十四章4節：那十四萬四千人「是從人間買〔贖〕來的，作初熟的果子歸與神和羔羊」。這片語使人想起五章9節向羔羊唱的歌：「用自己的血，從各族、各方、各民、各國中買〔贖〕了人來，叫他們歸於神。」但現在我們知道羔羊藉犧牲買贖回來的追隨者，自己也要被獻為祭。再者，他們是某種類型的祭品：初熟的果子。初熟的果子是從收成抽出來的頭一束，其他的則仍未被收割，這頭一束被奉獻給神作為祭物（利二十三9～14）。對猶太人來說，十四章4節的初熟的果子，跟十四章14至16節整個收成的收割，兩者的關連很明顯。他們不可能使用初熟的果子這一形象而不意味著整個的收成，當中的初熟的果子乃記號和保證（參羅八23，十一16，十六5；林前十五20、23，十六15）。是以，**從列國**買贖回來的殉道者，要被獻給神，作為**列國的**收成的初熟的果子，十四章14至16節即描寫其收割。

其次，雖然在許多方面莊稼收成和葡萄收成的描述都是平行的，但兩者有一重大的差異。莊稼收成是一次過的動作：收割，而葡萄收成卻包括兩個動作：收集葡萄在酒醡，然後踹酒醡。我們在啟示錄稍後的部分將知悉，這兩個動作是對應於：聚集地上的王和他們的軍隊於哈米吉多頓（十六12～14），以及主再來時審判列國（十九15；回應十四19，並揭開踹酒醡人的身分，這在十四20仍是個謎）。對收莊稼的描述本可延長而至於跟收葡萄的形象相平行，因為收割之後是打穀（通常由動物踏踩穀物）及篩簸穀物（把好的穀物跟穀殼分開，讓穀殼隨風吹散或被燒毀）；正如踹酒醡乃一描述審判的自然形象，踏踩和篩簸穀物亦然。但是，收割的形象沒有被延長。當以收成為審判的形象，要不是強調踏踩的一面（耶五十一33；瑪四12～13；哈三12；太三12；路三17；參啟十一2），就是把惡人比作穀殼被風吹散或被燒毀（詩一4，三十五5；賽十七13，二十九5；但二35；何十三3；太三12；路三17）。區別性的審判也可以收集莊稼進穀倉，燒毀野草（在收割前除掉）或穀殼（太三12，十三30；路三17）來象徵。但像這樣子的收成就從來沒有被用作審判的一個負面形象（何六11），因收割這行動本身就從來不是負面的。若指著終末的完成，收割經常都是正面的形象：帶領人進入國度裏（可四29；約四35～38）。現代都市讀者並不習慣想到非機械式農耕的程序，總不會自然地對聖經中各個收成的形象加以區分，但古代讀者就不一樣，他們十分熟悉所描述的動作，會立即注意到啟示錄莊稼收成的圖畫，並沒有發展至象徵審判的程序，而葡萄收成的形象就有。

第三，收莊稼這單一的行動是由「一位好像人子」執行，他坐在雲上，戴著冠冕(十四14)，而收葡萄的兩個行動則分別由一位天使(十四19)和一位身分尚待揭曉的執行，這位人物要到十九章11至16節才被描寫為神聖戰士、審判者。在莊稼收成中收割的肯定是耶穌基督(參一13)，那位踹酒醡的也是，但基督這兩個形象不相同。對雲上的那一位的描述，是確切地引喻但以理書七章13至14節，但以理書只有這些經文講到「一位好像人子」。這些經文描繪祂駕著雲到神(比較啟十四14～15雲跟天上的殿的關係)那裏去，領取權柄管治「各方，各國，各族」(但七14，比較啟十四14那位好像人子所戴的金冠冕)。但以理書七章沒有把這人描繪為審判官或是跟消滅獸有關的，祂只是接收祂普世的國度，這也是在啟示錄十四章14至16節中祂做的工作，把列國迎進祂的國度裏，這列國是殉道者勝過獸而從獸的主權下贏取回來、歸入基督權下的。約翰沒有像福音書的傳統把耶穌稱為「人子」，而是小心準確地使用但以理書的片語：「一位好像人子」，並且只在這裏及一章13節使用。約翰沒有如某些早期基督徒作者所作的把但以理書七章13至14節跟基督再來作審判官連繫起來，卻把有關基督的指涉限制於經文實際所說的，那跟約翰本人所關心的基督統治列國有密切的關係。在一章13節，基督被描繪為那位早已掌握教會權柄的，只是我們現在知道，祂建立教會成為神的國度，只是要藉著眾教會的見證，讓她們有分於帶領列國進入神和基督的國度（十一15）。祂是「一位好像人子」的，跟**作為燈台**的教會正好相關（一12～13），把光帶給列國，我們在十四章14至16節看見，基督的國度從教會擴展至列國。

因此，約翰在十四章14至20節用兩個相反的形象來描繪歷史的收場——正面的「地上的莊稼收成」和反面的「地上的葡萄收成」，這跟十一章13節頗為不同。十一章13節中，教會見證的故事以悔改結束，所有在警告性審判之後仍然生存的都歸正了。兩者的差異對應如下的事實：十三至十四章展示了獸的力量和詭詐，強調了獸和殉道者之間的衝突的含混性。到底列國會相信殉道者的見證，視他們的死是對獸的勝利，抑或，會堅持接受假象，繼續敬拜那看來勝過殉道者的獸？這是一個開放的問題。十四章的雙重結論對應天使宣告的兩個可能性（十四6～11）。還有第三段（也是啟示錄中最後一段）的經文，描寫殉道的見證在列國歸正上的果效，我們在此先考量這段經文，然後才回到雙重結論的議題上。

列國回轉

在十五章2至4節這段經文，約翰用上了新出埃及的母題來描寫教會對列國作見證的果效。在十五章2節，約翰看見殉道者已經從他們與獸的交戰中勝利地出來。他們通過殉道而到達天上的過程，被比作以色列人走過紅海的路，因為天上的玻璃海（參四6）現在已為神聖審判的火所攙雜（十五2）。他們站在那海邊，讚美神為他們贏取了勝利，猶如以色列人在摩西的帶領下，為著神對他們的拯救（脫離法老的軍隊，出十五1～18）向神唱出讚美的歌。因新的出埃及是殉道者藉著羔羊的血贏取的勝利（參七14，十二11），所以他們的歌就不但是摩西之歌，亦是羔羊之歌。

然而，殉道者之歌的歌詞不同於出埃及記十五章1至18節摩西之歌的歌詞，可也不單單是另一首歌，用來取代原來的摩西之歌。啟示錄的版本是對摩西之歌的**解釋**，就像以賽亞書十二章預測以色列會在新的出埃及唱的摩西之歌的版本。約翰以他那典型熟練的技巧，運用當時的猶太釋經法，寫出這首殉道者之歌；當他把出埃及記十五章的詩歌跟終末的出埃及連繫起來的時候，明顯地寫出五個相同的要點。

(1) 神對祂的敵人大能的審判，這也是解救祂子民的行動（出十五1～10、12）。

(2) 神審判的大能行動，顯明了神為至高，是異教神明不可比擬的：

耶和華啊，眾神之中，誰能像你？
誰能像你——至聖至尊，
可頌可畏，施行奇事？
(出十五11)

(3) 神審判的大能行動，讓異教列國敬畏(出十五14～16)。

(4) 這領祂的百姓進入祂的殿(出十五13、17)。

(5) 詩歌的結束：「主必作王，直到永永遠遠。」(出十五18；譯按：譯文跟和合本稍有出入)

詩歌結束所用的字眼(第(5)點)明顯地與貫串啟示錄的這個主題有關：建立神終末的國度，因此，約翰早在十一章15節已經引用。在他而言，新出埃及的意義是終極地引進神永恆的國度。第(1)點從指涉神的作為、方法和審判的經文中反映出來(啟十五3～4)，而第(4)點則在殉道者出現在天上至聖所一事實現了(十五2：玻璃海所意味的，據四章6節玻璃海是在神聖寶座前的)。但可注意到一點：神子民的解放，雖然是假設了的，在啟示錄的詩歌版本中並無提及。第(2)點明白地跟啟示錄所關注的相關：顯明獨一真神的不可比擬性，以對抗獸的偶像虛假性。因此，十三章4節用來表達全世界對獸的敬拜的字眼，事實上是對摩西之歌的字句拙劣的模仿：「誰能比這獸，誰能與牠交戰呢？」約翰明白新的出埃及是神向列國顯示其不可比擬的神性，反對獸僭奪神性。因此，第(4)點自然是：神顯出其神性，致令列國「敬畏神，將榮耀歸給他」(十四7)。事實上，這已經成了解釋啟示錄十五章3至4節那個版本的詩歌的重點。在出埃及記十五章，神審判和解放的大能行動在異教邦國中引發畏懼；就其上下文而言，這實在是承認神無可比擬的神性，但其意義仍是相當負面的。約翰卻以非常正面的意義重新解釋這首詩歌，指向的是列國的悔改，以及她們承認和敬拜獨一的真神。

他之所以能達至如此對摩西之歌的一個解釋，乃藉著其他兩段舊約的經文，這兩段經文他曾經用來解釋摩西之歌，並且在自己版本的詩歌中引用。約翰把這兩段經文連繫至摩西之歌，因為二者都跟詩歌的關鍵經文(出十五11)相平行，說及神的無可比擬性。

在下面的引述中，跟出埃及記十五章11節平行的字句會加底線，而引自啟示錄十五章3至4節的則作粗體(譯按：譯文跟和合本稍有出入)。

<u>主啊</u>，沒有<u>能比你的</u>！
你本為大，有大能大力的名。
萬國的王啊，誰不敬畏你？
敬畏你本是合宜的。
(耶十6～7上)

主啊，諸神之中沒有可比你的；
你的作為也無可比。
主啊，你所造的萬民都要來敬拜你；
他們也要榮耀你的名。
因你為大，且行奇妙的事；
惟獨你是神。
（詩八十六8～10）

這樣，約翰對摩西之歌的解釋，就跟舊約裏表達盼望的最普世性的語氣一致：期待列國都來承認以色列的神和敬拜祂。

這一版本的摩西之歌，其意義值得思考。其效果就是轉移了新出埃及意義的重點，從神審判敵人解救祂的子民一事，轉移至引領列國承認真神的事件。殉道者慶祝神藉著他們的死亡和見證而贏取的勝利，不為他們自己得解救而讚美，而是慶祝這勝利對列國所產生的果效，就是帶領他們敬拜神。這就以基督第一階段的工作為指涉，賦予新出埃及這一形象的使用新的意義；在第一階段的工作，基督以祂的死從列國中買贖人民回來，成為神自己的子民（五9～10）。現在我們看見從各民中救贖這一羣特別的子民，其本身並非目的，而是有更遠大的目的：帶領各民承認和敬拜神。在基督工作的第一階段，羔羊流血的犧牲為神買贖了一羣子民。而在第二階段，這些子民透過殉道參與祂的犧牲，為神贏取所有人民，這就是神的普世國度來臨的方式。

這段經文的意義（十五2～4）跟十一章11至13節的意義完全吻合，其吻合程度值得注意。即使這兩段經文各自用上了相當不同的形象。這就印證了我們對這兩段經文的解釋。然而，我們的解釋（即承認啟示錄中有一十分明顯正面的普世盼望）卻必須面對一項困難。在我們剛研究過的經文之後，啟示錄在十五章5節至十九章21節繼續出現一連串最後審判的視象。首先，最後的七災這一系列在巴比倫的傾覆中達於頂點（十五5～十六21），然後是巴比倫傾倒的視象（十八1～十九8），最後，是基督再臨審判和哈米吉多頓大戰的視象（十九11～21）。

第一眼看去，我們會以為最後的七災乃殉道者之歌所指的審判（十五4），特別是因為那是模仿降在埃及的災，但這是不可能的。這些災難是總體的審判，不像那些沒有果效的警告性的審判如揭印和吹號那樣受限制，也肯定極不似十一章13節的救援性審判。由是這些災難的結果是人民咒詛神（十六9、11、21）。這不僅是拒絕悔改的進一步表現，這點在第六號之後可以注意到（九20～21；參十六9），卻正正是敬畏神、歸榮耀給神和敬拜神的反面（十一13，十四7，十五4；參十六9）。聖經沒說七個災的任何一個殺死過任何人，這是真的；但這是因為那些咒詛神、不知悔改的人的悲慘結局要在哈米吉多頓才來到；那時全世界的王都同他們的軍隊在那地方匯集起來（十六12～16），站在獸的陣線對抗基督（十七12～14），祂最後要以萬王之王的身分來到滅絕他們（十九19～21）。十九章18至19節是一幅殺害的殘忍圖畫，使用了突出的普世性描述：「一切自主的為奴的，以及大小人民的肉」（十九18；參六15，十三16）。這並非萬國來到敬拜神的形象，而是要毀滅那些拒絕敬拜祂的一個形象。十六至十九章的審判基本上是針對著毀滅一切反對神和祂的公義的**制度**——政治的、經濟的和宗教的，以獸、假先知、巴比倫和地上諸王來象徵。但那些支持這些制度、堅持敬拜獸的，既不看重敬拜神的呼召，也不重視那些對拜獸之人的威嚇（十四6～11），很明顯，必定要跟他們自身所認同的邪惡制度一起滅亡。

這裏出現至少一度張力。十四章末已經預見，當殉道者唱完摩西的歌和羔羊的歌，接著就有七災審判的來臨，因為在十四章末地上收成的正面形象之後，緊接著的是酒醉的負面形象。看來約翰願意把表明列國的普世性悔改的經文跟那以同樣普世性的言語所描述的最後審判相提並列。但他沒有寫出那種需符合邏輯方可證明為真確的述句，他繪畫圖畫，每一幅都描繪真理真確的一面。他描繪教會誠實的見證可以帶領列國悔改和歸信。他描繪世界拒絕教會的見證，始終附從獸而不悔改，因此必定受到最終的審判。這兩幅圖畫對應天使在十四章6至11節向列國所宣告的抉擇。約翰的預言，目的不在於以預測殉道者的見證的成功**程度**來預先說實了(pre-empt)這個抉擇——即或那是可知的，卻不是他的讀者需要知道的。對讀者而言，預言是呼召他們不要與獸或巴比倫認同，以致有分於牠們的滅亡，卻要對耶穌的見證作出勇敢和誠實的繼承，以至於死；他們就以這個方式實現神選民的呼召，使萬民得救。

假使讀者看不見預言中的將來的正面，反看見最終審判的視象的逐漸實現，這預言的正面還要在新耶路撒冷的視象中重現，證明其神學優先性並終末的終極性。二十一章3節那從寶座發出的聲音宣稱：

> 看哪，神的帳幕在人間。
> 他要與人同住，作他們的神，
> 他們要作他的眾子民。神要親自與他們同在。[13]
> (譯按：譯文跟和合本稍有出入)

這是很有特色地使用舊約，用詞揉合了兩個來源。以西結書三十七章27至28節：

> 我的居所必在他們〔以色列〕中間；我要作他們的神，他們要作我的子民。我的聖所在以色列人中間直到永遠，外邦人就必知道我是叫以色列成為

聖的主。
(譯按：譯文跟和合本稍有不同)

神的子民在列國中的形象，在撒迦利亞書二章10至11節有更進一步的講法：

> 錫安城啊，應當歡樂歌唱，因為我來要住在你中間，這是主説的。那時，必有許多國歸附主，作我的子民，我要住在你中間。
> (譯按：譯文跟和合本稍有出入)

約翰在他自己版本的摩西之歌，就採用了舊約中的盼望一個最普世的格式。不獨以色列要成為神住在其中的子民，甚至也不獨是從各民中拯救出來的終末以色列，而是，因神選民見證的後果，萬民都要成為神的子民(亦見二十一24～26)。

主再來

對基督建立神的統治這一工作的兩個階段作一總結，將會很有用。第一個階段，基督作為新出埃及的逾越節羔羊，祂誠實作見證以至於死，勝過了一切邪惡，贏取了全面的勝利。即時的結果是創造了一羣來自各國的子民，在這反叛世界的敵對勢力中組成了神的國，但這被揀選的子民被呼召要在神普世國度的成就上扮演一個角色，這角色在展開封密書卷時揭示出來，那正是約翰向眾教會傳講的預言的主要目的。這羣從萬國中被呼召出來的子民，必須在跟羅馬帝國偶像式權力的極大衝突中，藉著見證而參與基督的勝利，如祂所做的，甚至於死。他們將要用這個方式向列國作見證，帶領他們悔改並相信真神。啟示錄把兩個可能的結局並列：列國悔改歸正並加入神的國度，或是不悔改的列國遭受審判，卻沒有用這一個可能去規限另一個可能。

這第二種可能性意味著還有最後第三個階段的基督工作，這在啟示錄十七章14節中被描繪為勝利，就如第一和第二階段那樣。雖然這經文最後的幾個字(即「同著羔羊的」)跟句子其餘部分的文法關係並不清晰，意思卻必定指羔羊的追隨者(差不多可以肯定是同羔羊勝過死亡的殉道者)分享了祂的勝利。他們跟祂一起作戰，如諸王跟獸一起(十七12)；他們就是那天上的眾軍(十九14)，當羔羊以神聖戰士的形象出現，從天上騎馬而至贏取勝利的時候(十九11)，他們跟祂一起騎著白馬。祂以「萬主之主，萬王之王」(十七14，十九16)的身分來到，打碎一切不承認神施於地上的統治的政權。

然而，要明白啟示錄中主再來的圖畫，我們需要再次以見證的形象補充戰爭的形象。為真理作的見證是兩刃的劍，一方面，這是從謊言和假像中贏取人歸向真理的惟一方法，因此能叫人從拜獸轉而敬拜真神；但是另一方面，被拒絕的見證會成為指控拒絕之人的證據。那些真理當前仍喜愛謊言、附從假象的人只可為真理所定罪。這就是為甚麼啟示錄在講到神對邪惡的審判時，獨特地把真理跟公義連繫起來（十五3，十六7，十九2；參六10）。

在魔鬼和獸的統治下，大地成了欺騙和假象的領域。真理先在天上被看見，然後，當真理降臨於地上，則再次被看見。在十九章11節，天開了，真理自己即神的道（十九13）騎馬來到地上。這一刻天上的看法行在地上，最後清除獸的所有謊言。最終必定向眾人顯明，誰擁有真正的神聖主權，所以，雖然這段經文中基督有好幾個名字，但可以為一切人看見的名字卻是刻在祂長袍側的：「萬王之王，萬主之主」（十九16）。軍事的形象為審判的形象所規限：祂用來擊殺的劍是從祂口中出來的（十九15、21）真實的判詞（參一16，二12、16）；祂如火焰的眼睛（十九12）是神聖審判官的眼睛，能無誤地看透心思和意念（一14，二18、23）。因此，這就不是被宰的羔羊變成劊子手，而是見證人成了審判官，那「為誠信真實見證的」（三14）現在被「稱為誠信真實」（十九11），而非見證人。正是祂這為真理而有的誠信，使祂成了那些堅持謊言者的審判官。同樣地，儘管祂沒有被描繪成羔羊（參但七14），祂誠實見證以至於死的血仍是祂的記號（十九13上），證明祂為神之道本身（十九13下）。因此，正是羔羊和殉道者所見證的神的真理，最後戰勝那些始終不能被贏取的人，判定他們連謊言一同滅亡的結局（十九20）。因這一在地上對欺騙的勝利，那一切謊言的根源魔鬼就被綑綁，不得再迷惑列國（二十1～3）。

耶穌為神的真理而作的救援性的見證，本來的目的是要把人從錯誤中解救出來，可是到了最後，卻必定把那些拒絕之人定罪；把這個概念跟約翰福音十二章46節至49節比較，就很有啟發了。這段經文的思想跟啟示錄的完全一致，只是用詞相當不同。這幫助我們解釋，何以初期基督徒普遍把耶穌了解為既是現在的救主又是終結的審判官，並沒有現代人常有的那種感覺，以為兩者的結合並不和諧。

千禧年

最後必須提及千禧年，因為在啟示錄的神學中，對千禧年的了解跟主再來這個題目是息息相關的，從魔鬼的命途就能看出來。魔鬼最後跟獸和假先知有著相同的命運，分別只在延遲了一千年（十九20，二十1～3、7～10）。主再來的結果就是毀滅所有的邪惡，但根本的邪惡沒有即時被毀滅，卻要延遲至千年之後。提問原因之前，我們必須注意到千禧年的另一個作用，就是要用一千年來把最後審判的其中一個面向(二十4)跟審判本身(二十11～13)隔開。把啟示錄二十章跟這章經文的一個主要的思想源頭比較，即跟但以理書七章9節的神聖審判視象比較，即可以看見啟示錄二十章4節的寶座是出自但以理書七章9節，而啟示錄二十章11節的展開書卷則來自但以理書七章10節。

但以理書七章關注的是獸的毀滅(這獸迫害神的子民)，以及把神的國度轉交給人子和祂的子民。這是啟示錄十九章11至21節(毀滅獸)以及二十章4至6節(把國度轉交給聖徒)所描繪的。最後審判(十九11～21)的負面性——當中獸被定罪，需要一正面的對應——審判是為殉道者的好處，他們必須得到平反和獎賞。在獸與耶穌的見證人之間的鬥爭中，獸看來得勝了，殉道者看來被打敗了，但當天上的看法最後行在地上，事情的真相就顯明了，不單看見獸必定要被打敗，而且也看見殉道者必定得勝。地上的君王曾經有分於獸所僭奪的統治，現在他們的國度要被奪去，殉道者從此以後要和基督一同作王。

是以，二十章4至6節對殉道者的討論要嚴格地限制在其跟獸的命運的對比之上。殉道者的證據加上基督的證據把獸定罪，而神聖法庭就平反殉道者。獸被拋進火湖(十九20)，即第二次的死(二十14)，但殉道者卻復活過來，第二次的死在他們身上無任何權勢(二十4～6)。國度從獸的手上被奪過來給殉道者。地上的毀壞者既已被毀滅了(十一18),大地就被賜給基督的子民,讓他們跟基督一同統治(二十4;參五10;但七18、27)。生命與統治——殉道者與獸之間的鬥爭,焦點就落在這兩個議題上——是二十章4至6節的惟一主題,但在此僅被肯斷,沒有進一步的發揮。

這顯出千禧年的神學要點只在於顯示殉道者的勝利:那些被獸處死的,才是真正要活著的(終末地),而那些跟獸的統治權對抗並因之受苦的,正是要在末後像牠那樣統治世界的,並且統治的年日比牠還要長:一千年!最後,為了顯示他們在基督國度裏的勝利是不能為邪惡所平反的——那是神對正邪之戰的最後判語——就給予魔鬼最後一次迷惑列國的機會(二十7～8)。那並非獸的再次統治;結果聖徒的營堡證明是堅不可摧的(二十9)。

因此,約翰從猶太天啟文學的傳統中採用了這樣的一個意念:在最後審判和新創造之前,彌賽亞要在地上施行暫時的統治(參2 Bar. 40:3;4 Ezra 7:28～29;b. Sanh. 99a),但約翰卻自成一格,有別於此。約翰用這來描繪殉道者對獸的勝利這觀念基本的一面,千禧年的形象有著十分獨特的作用。然而,一旦我們按字面解釋這個形象,以為是預指未來世界歷史的某段真實時期,那麼就再也不可能把這個形象規限在這個作用之內了。我們就會提出所有啟示錄解釋學者會問的問題——關於千禧年的問題,[14]而約翰並無回答,因為這些問題對約翰在其符號世界內使用千禧年的作用是不相干的。我們可能問：誰被聖徒統治？聖徒是在天上還是在地上管治呢？終末復活的生命如何跟一尚未更新的地共存呢？撒但在千禧年終結時要迷惑的是哪些列國？諸如此類。一旦我們按字面理解這個形象，千禧年就成了不可理解的，但實在沒有必要這樣解釋，一如沒有必要把幾個系列的審判（揭印、吹號和傾碗）當成是字面的預測。無疑約翰預期將有審判，但他對這些審判的描繪是富想像力的布局，只為描繪審判的意義。約翰預期殉道者必被平反，千禧年是描繪平反的意義，而非預測平反的方式。

1 關於彌賽亞的戰爭，見E. Schürer, *The History of the Jewish People in the Age of Jesus Christ*, revised and ed. G. Vermes, F. Millar, M. Black, vol. II (Edinburgh: T. & T. Clark, 1979), 517～535；M. Hengel, *The Zealots* (Edinburgh: T. & T. Clark, 1989), 271～319；A. Yarbro Collins, 'The Political Perspective of the Revelation to John', *JBL* 96 (1977), 241～256；R. Bauckham, 'The Book of Revelation as a Christian War scroll', *Neot.* 22 (1988), 17～40，後成為Bauckham, *The Climax of Prophecy*，chapter 8。

2 賽十一11～十二6，四十三14～21，五十一10～11；1 Enoch 1:4；1QM 1～2；Ap. Abr. 30:2～31:1；參Josephus, *Ant.* 20: 97～98；Liv. Proph. 2:11～19，12:12～13。

3 參其他引喻賽五十三章的新約有關基督受難的經文，特別是路二十二37；來九28；彼前二22。

4 關於這種解釋，參H. B. Swete, *The Apocalypse of St John* (London: Macmillan, second edn, 1907), 156；G. B. Caird, *The Revelation of St John the Divine* (London: A. & C. Black, 1966), 156～157。

5 這一節更詳細的論證，參Bauckham, 'The Book of Revelation as a Christian War Scroll'（上文註1）。

6 關於這一節及下一節更詳細的論證，見Bauckham, *The Climax of Prophecy*, chapter 9 ('The Conversion of the Nations')。

7 F. D. Mazzaferri有力地辯稱這一點，見其*The Genre of the Book of Revelation from a Source-Critical Perspective* (Berlin and New York: de Gruyter, 1989), 265～279。

8 這一點把啟十一章跟普遍天啟文學傳統中所講的以諾

和以利亞再來，分別開來。最接近啟十一章（預期兩位先知殉道）的天啟文學傳統的格式，實受啟十一章所影響，見R. Bauckham, 'The Martyrdom of Enoch and Elijah: Jewish or Christian?', *JBL* 95 (1976), 447～458。

9 有閱這一節更詳細的論證，見Bauckham, 'The Book of Revelation as a Christian War Scroll'（上文註一）。

10 關於此三個形象的神話背景及其在啟示錄中的歷史指涉，見G. R. Beasley-Murray, *The Book of Revelation* (London: Marshall, Morgan & Scott, 1974), 191～221；A. Yarbro Collins, *The Combat Myth in the Book of Revelation* (Harvard Dissertations in Religion 9；Missoula, Montana: Scholars Press, 1976), chapter 4；J. M. Court, *Myth and History in the Book of Revelation* (London: SPCK, 1979), chapter 6；F. R. McCurley, *Ancient Myths and Biblical Faith* (Philadelphia: Fortress Press, 1983), chapters 2～3；S. R. F. Price, *Rituals and Power: The Roman Imperial Cult in Asia Minor* (Cambridge University Press, 1984), 62～64；R. Bauckham, 'The Figurae of John of Patmos'，載Ann Williams編，*Prophecy and Millenarianism: Essays in Honour of Marjorie Reeves* (London: Longman, 1980), 107～125；修訂版載Bauckham, *The Climax of Prophecy*, chapter 6 ('The Lion, the Lamb and the Dragon')。

11 有關這一節和下一節較詳細的論證，見Bauckham, *The Climax of Prophecy*, chapter 9 ('The Conversion of the Nations')。

12 *thymos*, 在這兩個片語中譯為「忿怒」('wrath')，在第一個片語中可能意為「激情」（亦參十八3），但很清楚是要把兩個片語連貫起來。

13 這節經文的文本傳統有重要的異文（包括以*laos*〔子民〕代替*laoi*〔眾子民〕），現譯文是根據最可靠的原來文本。

14 基督教過去至現在對千禧年的眾多不同觀點，見S. B. Ferguson and D. F. Wright編，*New Dictionary of Theology* (Leicester: Inter-Varsity Press, 1988)中，R. Bauckham, 'Millennium', 428～430；R. G. Clouse編，*The Meaning of the Millennium: Four Views* (Downers Grove, Illinois: Inter-Varsity Press, 1977)。

第五章

預言的靈

統計

跟神和基督比較，啟示錄關於靈的經文相對地不多。但若由此而判斷靈在啟示錄神學中是不重要的，那就是一個錯誤。我們將看見，在建立神國度於地上這一神聖活動中，靈扮演著一個不可或缺的角色。

比出現的次數更重要的是，這些有關靈的指涉都依從一定的數字格式，這跟我們先前看過的，啟示錄中對神和基督的稱謂的那些具有神學意義的數字格式很可相比。這些指涉分為兩大類。一類是關乎「七靈」(‘the seven Spirits’)的，另一類是關乎「靈」(‘the Spirit’)的。「七靈」是啟示錄的符號世界所特有的；有四處經文述及七靈(一4，三1，四5，五6)。正如我們先前已注意到，四是世界的數字，好比七是完全的數字。七靈是「奉差遣往普天下去的」神圓滿的能力(五6)。七靈出現四次，乃對應那出現了七次指涉地上萬民的四重式片語(五9，七9，十11，十一9，十三7，十四6，十七15)，也都對應指涉羔羊的二十八次(七乘四次)，這我們在上一章已經注意到，是指著羔羊的完全勝利影響及整個世界。七靈跟勝利的羔羊關係密切(五6)：這個關乎羔羊和靈的四，是要指出羔羊的勝利是藉著神聖圓滿的能力在整個世界實現。

除了涉及「七靈」的四處經文，還有指向「靈」的十四處經文。其中七次自成一類，就是在給七教會的信息中每段都重複的命令：「靈向眾教會所說的話，凡有耳的，就應當聽。」(二7、11、17、29，三6、13、22；譯按：譯文跟和合本稍有出入)。其餘七次則另有指涉：四次以「在靈中」('in the Spirit')(一10，四2，十七3，二十一10)的片語出現，兩次引述靈的話語(十四13，二十二17)，一次作「預言的靈」('the Spirit of prophecy'，見十九10)。值得注意的是，「預言」一詞('prophecy')總共出現了七次(一3，十一6，十九10，二十二7、10、18、19)。[1]

七靈

一章4節稱為「他〔神〕寶座前的七靈」。在某些情況下，七靈並不界定為神聖的靈，而是七位首席天使。在猶太的天使學中，他們在天上的神面前侍立(如Tob. 12:15)。但啟示錄本身有指涉這七位天使(八2)的用語，跟講述七靈的用語十分不同。再者，儘管「靈」一字的確可以用來指天使(死海古卷就常有這用法)，這個意思在初期基督教文獻中還是很罕見，啟示錄中就從來沒有這樣用過。

七靈應被了解為聖靈的象徵，約翰選擇這符號是基於他對撒迦利亞書四章1至14節的釋經。不單是涉及七靈的四處經文，就是十一章4節有關兩個見證人的描述，背後也是這段經文。在了解靈在世界中的神聖活動中所扮演的角色上，這似乎是約翰的舊約關鍵經文。如果我們奇怪他何以如此看重撒迦利亞這一非常隱晦的視象，答案大概在上主的那句話：「不是倚靠勢力，不是倚靠才能，乃是倚靠我的靈。」(亞四6) 啟示錄的信息要回答的問題是：看來獸的力量不可抵擋，其權柄遍及全世界，神如何在地上建立祂的管治？撒迦利亞書四章6節指出，不是靠獸那種地上的權柄，而是靠神聖的靈。

在撒迦利亞的異象中，顯現在他眼前的是一具金燈台，上面有七盞燈。約翰不可能不會把它跟聖殿中聖所內那有七個枝子的燈台連繫起來 (參出二十五31～40，四十4、24～25)。燈台旁邊有兩棵橄欖樹 (亞四3)。無疑就約翰所了解的敘事，撒迦利亞首先問那七盞燈是甚麼 (四4～5)，然後再問橄欖是甚麼 (四11～13)。他的第一個問題沒有即時被直接回答，天使給的答案先是剛引過的神諭 (「不是倚靠勢力，不是倚靠才能，乃是倚靠我的靈」，見四6) 接著是上主就這一點開展的一段說話 (四7～10上)，然後才是他的問題的直接回答：「這七乃是上主的眼睛，遍察全地」(四10下；譯按：譯文跟和合本稍有出入)。約翰明顯地將這個次序理解為：七燈象徵著上主的七眼，就是神聖的靈。我們稍後才處理橄欖樹的身分問題。

約翰在天上的視象中看見七盞燈在神聖的寶座前點著，將之確定為七靈 (啟四5)。天上的至聖所一向被認為是建構地上至聖所的模型，因而在約翰的視象中，這天上的至聖所就包括了地上至聖所最緊要的內容（參八3～5，十一19，十五章）；這七盞燈正對應於那地上至聖所內「在上主面前」點燃的七燈（出四十25），就是撒迦利亞在異象中所見的七燈。無疑，燈預設燈台，但約翰沒有提及燈台，這很可能有其意義：他要講的燈台都在地上（一12～13、20，二1、5，十一4）。正如天上寶座前的七燈，七靈是指那神聖者的，這就是為甚麼一章4節至5節上的「三一式」祝福經文中對神的指涉，把「他寶座前的七靈」也包括在內。

但是，如果以上的經文把七靈跟神拉上關連，那麼，在五章6節中，七靈就跟羔羊有著很緊密的關連了；這節經文說羔羊有「七角七眼，就是神的七靈，奉差遣往普天下去的」，這明顯是回應撒迦利亞書四章10節下。啟示錄中耶和華的眼也是羔羊的眼，這有撒迦利亞書三章9節作為釋經上的支持，約翰必定把「一塊石頭上有七眼」了解為指向基督的，而這七眼就跟撒迦利亞書四章10節下的眼睛相同。

大概啟示錄五章6節**同時**把七靈等同為羔羊的七角和七眼。舊約中耶和華的眼睛並不單指祂能夠看見世界各地發生的事，也指祂能夠在祂隨意選擇的地方行大能的事。歷代志下十六章7至9節先知哈拿尼的信息，是口頭引喻撒迦利亞書四章10節下（代下十六9：「上主的眼目遍察全地」；譯按：譯文跟和合本稍有出入），他明顯跟約翰一樣，把這節經文的解釋跟撒迦利亞書四章6節拉上關連(「不是倚靠勢力，不是倚靠才能，乃是倚靠我的靈」)。哈拿尼指責亞撒王倚靠軍隊的勢力而非耶和華，耶和華的眼睛遍察全地，要幫助那些倚靠祂的人。[2]為顯明神的全視眼目跟祂的能力之間的關連，約翰就在七眼之外，加上一個廣為人知的符號——象徵能力的七角。大概約翰注意到，在撒迦利亞書，耶和華的能力乃跟那些對神子民不友好的列國勢力相對立的，這列國的勢力用四角來象徵(亞一18～21)。同樣地，在啟示錄，羔羊的七角是用以對抗龍角和獸角的神聖力量(啟十二3，十三1、11，十七12～13)。然而，關鍵的問題是，這神聖力量的性質如何。

七角七眼是對羔羊描述的一部分——當祂初次在啟示錄以被殺而得勝的形象出現的時候(五5～6)。這七角七眼代表祂勝利的能力。這七靈被差遣往地上，使祂的勝利在全地發生果效。那坐在寶座上的神居住在天，還沒有來到地上，那在地上受死而得勝的羔羊，現今在天上與祂的父同坐，而七靈，就是神在地上的臨在和權能，藉著在全地實現羔羊的勝利，讓神的國度來臨。因此，約翰對七靈的了解，大致上相當於初期基督徒對聖靈跟神和基督之間的關係的普遍了解。作為神聖的能力，聖靈現在是基督的靈，是升天臨在世界的樣式，是基督過去的工作在現今發生果效的方法。[3]仍有待研究的是，七靈跟教會的關係，跟初期基督徒慣常對聖靈的看法是否一樣。

七靈跟十一章3至13節的兩個見證人有間接的關係，只是藉著撒迦利亞書四章的引喻相連起來。撒迦利亞書視象中的兩棵橄欖樹，經文說是「兩個受膏者（字面：「油之子」）站在普天下主的旁邊」（四14）。啟示錄的兩位見證人是「兩棵橄欖樹，兩個燈台，立在世界之主面前的」（十一4），如果「兩棵橄欖樹」在約翰的意義，不限於指向撒迦利亞書的視象，那麼，很可能它們是指兩個先知（參十一3～10），被靈的油所膏立。因約翰把他們等同為兩個燈台，這就修改了撒迦利亞書視象的象徵意義。約翰的意思必定是：他們乃承托七燈（七靈）的燈台，雖則約翰根據有效見證的條件只用上兩位見證人，因而只有兩個燈台，但他不可能指向七靈而不用難以接受的方式混雜這個形象。無論如何，七靈就是教會對世界作先知見證的能力，以兩位見證人的事工為象徵，這含義十分清楚，這見證的普世性可見於引自撒迦利亞書的片語，他們是「立在世界之主面前的」；這片語也把他們的普世見證跟神或基督對世界的主權連繫起來。因此，七靈通過他們的先知式見證被差遣往普天下去，羔羊的角和眼是他們先知式見證的能力和分判力，而這見證是他們對耶穌所作的見證的忠誠；透過這見證，七靈使羔羊的勝利產生普世的果效。

類似地，七所教會以七燈台來代表(一12、20，二1)。撒迦利亞書的單一燈台承托七盞燈，現在則分為七個燈台，對應亞細亞七所個別的教會。因七是完全的數字，七所教會就代表了世界所有的教會。這就使得明白地把七靈連繫至七所教會來講論成為可能。基督被稱為「那有七靈和七星的」(三1)；既然七星是七所教會的天使(一16、20)，這就提供了線索：七靈跟七所教會有某種的對應性。但是，這也不過是線索而已，因為所有教會被要求要得勝的內容是甚麼還有待解釋，只有解釋了教會對世界作先知式見證的角色(由十一3～13開始)，這線索才能被明白。七靈就像七個金燈台上的燈盞，被差遣往普天下去。

因此可以說，七靈這由於基督犧牲的勝利而被釋放往全世界的神聖力量，是神聖真理的力量：教會作誠實見證的能力——為神的真理，並為神對世界在獸的支配底下而有的偶像崇拜和不義作公義的對抗。七靈既是真理的能力，可同時以眼(代表分判)和角(代表能力)來表示。把七靈跟撒但三一的相對部分作如下的比較，是很有啟發的。如果那把寶座和權柄賜給獸的龍(十三2)是撒但對那位在寶座上的神的拙劣模倣；而那從死傷中復原的獸(十三3)，是模仿被殺害的羔羊，那麼，或可推斷的是，假先知(即十六13及十九20所稱的第二獸)必定是模仿七靈。但這又不完全是實情。假先知並不跟七靈有如是的對應，亦並非如某些人所說的跟基督徒先知對應，而是跟那兩個見證人對應，他們代表由七靈鼓動的教會的先知式見證。假先知的活動影響及整個世界（十三12～17，十六13～14），正如兩個見證人的活動。他又像見證人那樣行神蹟（十三13～14，十九20）。他強迫世界敬拜獸（十三12），那相當於敬拜龍（十三4），正如兩個見證人的工作是帶領世界敬拜神（十一13），無疑這也包括敬拜耶穌，因在啟示錄中敬拜耶穌即相當於敬拜神。當兩個見證人藉著真理的能力去做這一切，假先知則憑藉迷惑（十九20）和強迫（十三15～17）。但是，他迫使人順從謊言的殺害正是基督徒的殉道，他們的死彰顯了真理的能力。這正是啟示錄所了解的對比：「不是倚靠勢力，不是倚靠才能，乃是倚靠我的靈。」（亞四6）

眾教會中基督徒預言的靈

七靈代表神聖的靈的圓滿，這神聖的靈跟神、基督，以及教會對全世界的使命相關。這正是有關七靈的指涉跟指涉靈的經文之間的分別。後者關注的是靈透過眾教會內的基督徒先知所作的活動。[4]在尚未探討兩種講述靈的方式之間的關係，我們先簡要地考量這些經文。

所有十四處關乎靈的經文，都以不同的方式指涉靈感動約翰發預言（即啟示錄本身），只有一處（十九

10）同時指向更闊的意義——一般的基督徒預言；雖然我們可以假定在所有的情況下，被列為靈的活動都可以在約翰以外的基督徒預言中找到平行。

有四段經文是關乎約翰「在靈中」（'in the Spirit'）接受視象啟示。[5]其中兩次他説他「在靈中」（'was in the Spirit'：一10，四2），其他兩次天使「在靈中帶領他離去」（'carried him away in the Spirit'；或是：「藉著靈」〔'by means of the Spirit'〕：十七3，二十一10）。從其他文獻中這些片語的平行句[6]可清楚知道，所指涉的並非約翰本人的靈（就如*NRSV*和某些其他譯本所反映的），而是指引發視象經驗的神聖的靈。兩處涉及由靈運送的經文（十七3，二十一10，當中約翰被帶到一個新的視象位置）特別以以西結書的常用公式為基礎（三12、14等）。以西結是約翰模仿最多的舊約先知，模仿他記敘的先知經驗和宣稱。四段經文的布置具有策略性。兩個處於約翰整個視象的開頭：在地上的眾教會之中（一10）和在天上神聖的至聖所（四2），兩個分別處於彼此平行的巴比倫視象的開頭（十七3）和新耶路撒冷視象的開頭（二十一10）。效果不僅是把約翰部分的視象經驗跟靈關聯起來，而是要把整個視象歸之於神聖的靈的作用。

靈使得約翰可以接受視象，在視象中他獲得先知式的啟示。因此，靈扮演的角色有別於那一連串把從神而來的預言內容傳給約翰的啟示的媒介（神—基督

—天使—約翰：一1；參二十二16）。靈並不賜下啟示的內容，只是賜下整個的視象經驗讓約翰能以領受啟示。這些關於靈的經文的確足以說明，全書的背後有真實的視象經驗，雖然這不表示啟示錄僅只是這些經驗的抄本，因這書是一部非常複雜的長篇文學作品，致令這個考慮成為不可能，並且書中許多豐富的意義都是以純文學的形式盛載。不論約翰的視象經驗為何，他總是經過長時間的反思、研究和寫作過程，方才把這些視象經驗化為一文學作品，把視象的信息傳遞給其他人。然而，這四段涉及靈的經文遠不止於確認一次視象經驗，更確認了約翰的預言是來自神聖的感動。這些經文補充了啟示乃從神而來的宣稱，並且強化了其具有神聖權威的有力宣稱（參二十二18～19）；憑此神聖權威，約翰把他的作品列入正典先知書之中，或在某意義上，甚至給予他的作品一個更高的地位——把它看作是最終的先知式啟示、整個聖經先知傳統的最高峯（參十7）。

除了這四處涉及靈為視象經驗的動因的經文之外，其他的關乎靈的經文，都是指著靈默示先知式的神諭而說的。給七教會的每一信息在其結束或結束之前總有一「宣告公式」，呼籲人要留心所說的：「靈向眾教會所說的話，凡有耳的，就應當聽。」無疑，這是模仿耶穌語錄傳統裏的一條突出的公式（可四9、23等），並且是存心引用那條公式，因為七信息是升天基督自己的話。每一信息都以「如此說」('Thus says......')開始，跟著是對基督的描述，因此靈所說的就是升天基督的話。靈感動引發先知式神諭，讓先知約翰向眾教會說出基督的話語。無疑，升天基督直接向眾教會說話的其他經文也都含有這個意思，只是沒有明顯地提及靈而已(十六15，二十二7、12～13、16、20)。

然而，靈的話語也不一定是升天基督的話語。在啟示錄餘下兩個提及靈的話語的例子中，靈的話語不等於基督的話。在十四章13節下，靈的話語是對約翰所聽天上的聲音而作的回應。當約翰聽從命令寫下祝福(十四13上)，靈感動他加上強調的保證。在二十二章17節上，靈和新娘的禱告：「來！」是向基督作的，回應二十二章12節基督要來的應許。(同樣的應許和回應在二十二章20節再次出現。)「靈和新娘」的意思不可能是說靈感動整個基督徒羣體祈禱，因為隨著靈和新娘的祈禱，乃是邀請那些聽見這話的基督徒加入自己的禱告：「讓聽到的都說：『來！』」這公式跟七信息的「有耳的，就應當聽」相平行。後者是對靈所默示的預言所作的恰當回應，前者則是對靈所感動引發的禱告所作的恰當回應。因此，我們應該認為：基督徒先知(簡單地說即約翰自己)在靈裏禱告，因而帶動了整個教會的祈禱。靈透過基督徒先知而作的禱告，乃是教會在預備迎接丈夫羔羊的來臨、謹守終末的純潔的過程中(參十九7～8，二十一2) 該作的禱告，因此，這一禱告就被認為是「靈和新娘」的禱詞。

是以，在以上的例子中，並且也在十九章10節這比較一般性的句子中（那裏沒有提及靈的話語），「靈」是指那感動基督徒先知發言的，在啟示錄的上下文底下就是那感動約翰發言的。預言的靈把升天基督的話語帶給祂在地上的子民，並在地上印證天上啟示的話語，帶動眾教會向天上的主禱告。這些經文中的靈是地上的神聖臨在，非在天上，但祂不像那被「差遣往普天下去」（五6）的七靈：靈的活動範圍是在眾教會之內，祂感動基督徒先知向羣體中的其他成員作工。

作為耶穌見證的預言

我們已看過「七靈」跟「靈」的分別。前者代表神聖的靈的圓滿性，藉著基督的勝利，在神面前受差遣進入整個世界實踐使命，就是藉著眾教會對世界作先知式的見證；而「靈」則指向眾教會內基督徒的預言。「靈」透過先知對眾教會説話，「七靈」則透過眾教會對全世界説話。然而，這並不表示兩者無任何關係，預言這一概念就把兩者連繫起來了。預言是靈透過先知傳給眾教會的信息，是為了預備和裝備教會，好讓她們在靈的感動下，對世界作先知式的見證。

在十九章10節有一關鍵的句子：「預言中的靈乃是耶穌的見證」(譯按：譯文跟和合本稍有出入)。這經文雖然難解，但其意思必定是：當靈默示預言，其內容必定是耶穌的見證。在這樣的文理下，我們談論的預言(這也是啟示錄使用這名詞的惟一方式)是基督徒先知向眾教會講說的預言，最直接就是指約翰自己的預言，即啟示錄(參一3，二十二7、18～19)。因此，啟示錄的內容被指為耶穌的見證，也是神的道(一2)，由耶穌自己證明(二十二20)，由向約翰傳遞啟示的天使證明(二十二16)，並由約翰自己證明(一2)，留意這些說法是恰當的。然而，如果基督徒預言的內容——特別是啟示錄——乃是「耶穌的見證」，而基督徒先知因著他們向眾教會所作的事工可被稱為「持守耶穌的見證的」(這是十九章10節很可能的意思)，那麼，就不單只基督徒先知跟耶穌一樣作見證，所有基督徒在對世界作見證的時候，都是「持守耶穌的見證的」(十二17；參六9，十二11，十七6，二十4)。再者，耶穌的見證和神的道之間的連繫可見於一章2節(指啟示錄本身為預言)，和六章9節、二十章4節(指涉基督徒的殉道者)。

啟示錄清楚劃分先知和其他基督徒(十一18，十六6，十八20、24，二十9)，但可以用相同的字眼來講述先知向眾教會所發的預言和誠實基督徒對世界所作的一般的見證；只有在兩個見證人的故事中，基督徒的見證才實際上被等同為預言（十一3、6、10）。這並不表示每一基督徒都可以被稱為先知，猶如那兩個見證人，因為兩個見證人並非代表典型的基督徒，他們是象徵性的個體，代表著全教會：個別的基督徒不是燈台，只有教會才用燈台來象徵。十一章3節到13節所形容的預言，基本上不是每一個別的基督徒向世界作的見證，而是教會對世界作的見證。當然，每一個基督徒都被呼召參與在這見證之中，但這跟每一個基督徒都是先知的說法還是差了一點。應當注意這相關的一點：雖然在啟示錄中見證本身看來常是口頭上的，並且當環境需要時，則每個基督徒都必須作口頭見證，但是見證亦跟遵從神的命令有著密切的關連（十二17）。[7]

這表示啟示錄把先知的職分擴展至全教會，其理由很可能並非在於認為所有基督徒——作為靈所澆灌的終末羣體的成員（參徒二17）——均被賜下預言的靈，以致實際上（徒十九6），或至少有這樣的可能：他們都是先知。這種想法似乎對初期基督教有一些影響，但啟示錄的想法卻不一樣。這跟如下的想法有關，教會新啟示的角色，是要跟羅馬的偶像崇拜作先知式的對抗，就如摩西對抗法老和他的術士，或如以利亞對抗耶洗別和她那些巴力先知，並且藉著預言的靈的能力贏取列國敬拜真神。教會這一被啟示的角色乃約翰預言的主要內容，這一事實解釋了他描述自己的見證為預言的手法（一2），和他描述基督徒向世界作見證的手法，兩者之間特殊的密切關連。並且，這一事實也解釋了下面的問題之所以無法確定的原因，即在十章11節中，約翰是被吩咐去**向**列國說預言，以致其先知角色是典範性的，即示範教會如何向列國作先知式的見證；抑或，約翰是被吩咐去說**有關**列國的預言，乃是向眾教會說預言鼓動她們去向列國說預言呢？

我們回到十九章10節去考慮整節經文。當約翰要拜那天使，他卻被阻止：「千萬不可！我和你，並你那些持守耶穌的見證的弟兄同是作僕人的，你要敬拜神，因為預言的靈乃耶穌的見證。」(譯按：譯文跟和合本稍有出入) 大概最後一句並非附錄，用以解釋「耶穌的見證」是甚麼，以致約翰那些持守見證的弟兄姊妹都是先知。這一句其實跟天使的話的重點有著不可分割的關連。天使以「敬拜神」的字眼把約翰引導返回所有預言的主題，而這必定是他所領受的啟示，即他將要宣講的預言的核心主題。真預言的主題乃是要把獨一真神及其公義跟偶像崇拜及其邪惡分別開來，這正是耶穌見證的主題，並且肯定地也是祂的追隨者在亞細亞異教城市所要繼續見證的主題。然而，再次，這同時為約翰預言的主題，以及因他的預言所喚起的眾教會要對列國作的先知式見證的主題。

當此事再次發生，天使就說：「千萬不可！我與你和你的弟兄眾先知，並那些守這書上言語的人，同是作僕人的。你要敬拜神。」(二十二9) 在這裏，一起作僕人的範圍擴展至包括眾先知本身，以及一切誠實的基督徒，他們留心及聽從約翰的預言。這就是承認啟示錄所呼召基督徒擔任的角色，其本質跟先知是一樣的：見證基督，並在言語和行為上對獨一真神及其公義忠誠不二。

對教會所宣講的先知式信息

我們已經看見，向教會宣講的預言和教會對世界所作的先知式見證，兩者之間關連密切。兩者都是耶穌的見證，也是神的道；兩者都關注獨一真神的真理和祂的公義；兩者都為神聖的靈所感動，這靈是神的真理在世界的能力；兩者都關心神國在地上的建立。眾教會內的預言乃是裝備教會完成她們對世界的先知式職事，在神國的來臨中這是眾教會不可免的角色，而啟示錄的作用就是呼召眾教會完成這一使命。

了解明白過向眾教會所說的預言跟眾教會對世界作見證的關連後，在啟示錄總的目的底下，我們可以更清楚看見給眾教會的七信息的意義。有幾個特色值得注意。

首先，我們可以注意到信息中有一強烈對真理的關注。眾教會被吩咐**不可否認、棄絕** (not denying，見二13，三8) 。她們被譴責為徒有美名，那隱藏她們真正的光境（三1），或是因為自欺而看不見自己的光境（三17）。先知耶洗別就被指為欺騙（二20）。也有假使徒稱自己是使徒，但卻不然（二2），正如也有說謊的稱自己為猶太人，但卻不然（二9，三9）。每段信息耶穌基督都以「我知道……」為起頭，祂對眾教會表示祂認識他們真實的情況，雖則存在著誤導的外表（二9）、虛假的名聲（三1）、虛假的信心（三17）和毀謗話（二9）。有些人可能宣稱外表的參與偶像崇拜是可容許的，因為要考慮的只是人的內在正直，但耶穌基督提醒他們，祂看透人的內心與思想的實情（二23）。祂在燈台之間行走，察看她們真實的情況（二1），祂火焰的眼睛看透隱藏的動機、思維與感受（二18）。因此，給眾教會的預言，其作用是揭示令人不安的真實景況，正如兩位見證人叫地上的居民因得見自己的罪而痛苦（十一10）。

第二，當基督本著祂無情的真實知識對教會提出指責，後果有兩個：悔改或審判（二5、16，三3、19）。這跟眾教會透過見證而擺在世界眼前的兩個選擇是一樣的（十一3，十四6～11）。（並且注意十四章12節的表達方式：眾教會自己並非可以毋須留心這在十四章6至11節給予世界的選擇。）

第三，基督以那「為誠信真實見證的」和「為阿們」（三14）的角色，來揭示教會的真實景況，這角色就是神聖的真實（賽六十五16）這些名號在給老底嘉教會信息的開頭部分出現，可能並不在於它們跟這所教會較之跟其他教會更有關係，而是因為老底嘉是七所教會最後的一所。正如第一段給以弗所教會的信息(二1)，其開頭對基督的描寫，是關於基督對所有教會的認識。這些名號標誌著祂是給予真實證據的那一位，那些願意接受這些攻擊自己的證據的人，就會悔改。因此祂的證據是拯救性的，對於那些拒絕的人，這些證據就成為他們定罪的理由。證人成為審判官(參耶四十二5以及啟三14)。在有關主再來的描述的預視形象中(十九15)，基督威嚇要以口中的劍攻擊他們(二16)，這口中的劍就是祂真實見證的言詞，因之也是定罪的判語。

預言的角色，乃是對眾教會見證耶穌，因此，這跟眾教會向世界作耶穌的見證完全相平行。主再來時的審判，對教會的威嚇不下於其對世界的(二16，三3；參十六15)。預言是帶著拯救的意圖為審判作出的預告，正如教會向世界作的見證。因此，沒有理由以為「凡我疼愛的，我就責備管教」(三19)這意義深長的說話，是單單指基督對眾教會的斥責，而非同時指著眾教會向世界所作的見證。

第四，眾教會自身內部的問題，部分跟啟示錄對魔鬼和獸統治世界的描述相平行。老底嘉基督徒以富裕為傲(三17)，是巴比倫剝削性的自我縱容的影子(參十八7)；羅馬那種對物質富裕的偶像崇拜正是這教會的特徵。他們若為此悔改，就是從巴比倫出來，這是神子民被強烈要求去行的，棄絕巴比倫的罪，免得受她所受的審判（十八4）。

更密切的連繫，可見於耶洗別和尼哥拉黨人跟神國度的敵人之間的關係。偶像崇拜和姦淫（二14～20）不單是一般異教社會典型的邪惡行為（九20～21；參二十一8，二十二15）：兩者亦分別為獸（十三章）和巴比倫（十七章）的主要特徵。尼哥拉黨人和耶洗別並非極力主張基督徒應對所處的異教社會中的風俗作出些微的調適，所牽連的是否認真神和祂的公義——那正是羅馬制度內所包含的邪惡勢力。無怪乎耶洗別被稱為「欺騙」基督徒的（二20），這字眼在啟示錄別的地方只用在魔鬼、假先知和巴比倫身上（十二9，十三14，十八23，十九20，二十3、8、10）。

這一點在雙關語的使用上也表明出來。尼哥拉黨人，即尼哥拉的追隨者，其名稱意即「勝過子民」，指向啟示錄的關鍵字「得勝」（*nikaō*）。他們的教訓讓基督徒在異教社會中得以成功；但這卻是獸的成功，真正的收服聖徒，把他們贏取過來站在自己那一邊，而非只是那種置他們於死地而達致的表面勝利。因此，巴蘭的名字就很恰當地解釋尼哥拉這名字（二14）。巴蘭是舊約的假先知，他策劃引誘惑以色列人拜偶像、行姦淫，害死了許多以色列人（民二十五章）。根據這事件，猶太的釋經就把巴蘭這名字解釋為「毀滅子民」(b.Sanh. 105a)。

這裏我們也可以講一下「那自稱是猶太人，其實不是猶太人的」(二9，三9；譯按：譯文與和合本稍有出入)，因為在猶太基督徒領袖和會眾佔大多數的教會裏，他們構成一個實在的問題。這些人脫離會堂很可能只是近期發生的事，因非基督徒的猶太會眾不認他們，甚至似乎有時還向當局告發他們。因為任何有關非基督徒猶太人的言語(二8、三9)，現在聽起來都是冒犯性和危害性的反閃族(anti-Semitic)——抽離其原來的脈絡去講論必會導致這種情況——認出這裏有一猶太人內部的不和是很重要的。這並非是說，外邦人教會聲稱要取代猶太教，而是好像聖殿建制派跟昆蘭團體之間的分裂，昆蘭團體否認他們的猶太人同胞，視之為「欺騙的集會和邪惡的會眾」(1QH 2:22)。

再者，啟示錄稱某些士每拿和非拉鐵非的非基督徒猶太人為「撒但的會堂」，並非因為他們不是基督徒，而是因為他們「毀謗」，即作假控訴，這是魔鬼(*diabolos*，意即「作假控訴的」)和撒但(十二9；撒但意即「控訴者」，而在這段時期，當講的是魔鬼，意即「那作假控訴的」)的活動。這也把他們跟獸連繫起來；獸不單褻瀆(毀謗)神，也謗瀆祂的子民(十三6)。他們向當局舉報基督徒，聲稱猶太裔的基督徒不是猶太人，因此不應享有猶太教作為一種宗教所享有的法律地位。他們幫助且支持獸反對敬拜真神。他們自己口中對猶太基督徒的言語乃是：他們「說他們是猶太人其實不是」，而啟示錄則用這句話來反擊他們。（用啟示錄本身的概念，對那後來扮演獸的角色攻擊猶太人的基督徒，也可以說這麼一句：他們說他們是基督徒其實不是。）在這樣的脈絡下，這一爭議性的反非基督徒猶太人的事件乃一事例，反映出獸跟耶穌的見證人之間的重大衝突，已經逐漸成為七信息所關注的教會內部問題。

很明顯，一所教會若是聽從尼哥拉黨人或效法巴比倫的話，就不能對神的真理和公義作忠誠的見證。如果教會要成為燈台，讓七靈能以真理的光照耀世界，她們就必須在靈的預言話語中向神聖真理的能力敞開。

最後，無論如何，七信息都以鼓勵和終末的應許作結。無論教會需要悔改或只是忍耐，全都被邀請要「得勝」，以致可以承受終末的應許。靈的先知職事既是要在這欺騙及迷亂的世界中揭示真理，並向人指示終末的世代，那時萬物的真相將會顯明出來。按照神的真理而活得忠誠和勇敢，需要一終末將來的視象。靈就賜下這一視象，首先是在七信息中對應每所教會的境況，然後，在約翰整個視象性啟示的非常高潮內，就有更圓滿的表達：新耶路撒冷的視象。下一章我們就討論此一視象。

1 πνεῦμα（靈）一字亦在十一11，二十二6出現，筆者判斷這兩節均非指聖靈，而在十三15，十六13、14，十八2出現的，很明顯講的不是聖靈。

2 參相類似的經文：詩三十三13～19，另亦參詩三十四15；Sir. 34:15～16。

3 見，如Y. Congar, *I Believe in the Holy Spirit,* vol. I (New York: Seabury Press; London: Geoffrey Chapman, 1983), chapter 2.

4 這方面的討論，參D.Hill, 'Prophecy and Prophets in the Revelation of St John' , *NTS* 18 (1971-1972)，401～418；及*New Testament Prophecy* (London: Marshall, Morgan & Scott, 1979), chapter 3。

5 對這些經文詳細的討論，見R. Bauckam 'The Role of the Spirit in the Apocalypse', *EQ* 52(1980), 66～83；修訂版載Bauckham, *The Climax of Prophecy* , chapter 5。

6 結三12、14，八3，十一1、24，三十七1，四十三5；Bel 36(Theod.)；2 Bar. 6:3；Hermas, *Vis.* 1:3；5:1；Josephus, *Ant.* 4.118；Pseudo-Philo, *L.A.B.* 28:6；參Did. 11:7～9；Polycrates, ap. Eusebius, *Hist. Eccl.* 5.24.2；Melito, ap. Eusebius, *Hist. Eccl.* 5. 34.5。

7 特別注意十四12，其語言乃六9、十二11、17，十四12、二十4的變體，但偏就不是指向口頭見證。

第六章

新耶路撒冷

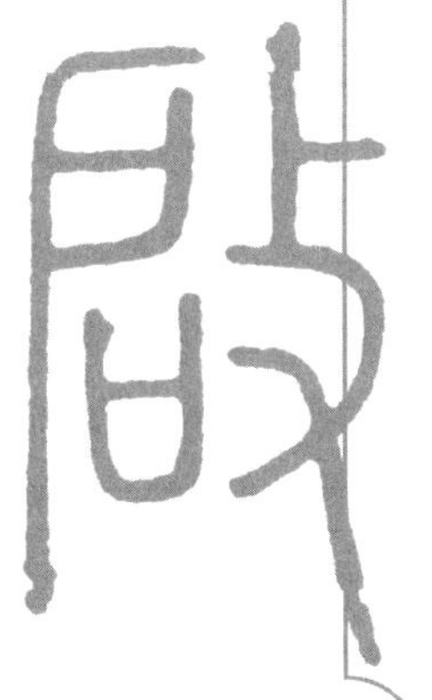

啟示錄的城市

啟示錄書中的基督徒世界，就如新約中大部分的基督徒世界，乃由城市組合而成。啟示錄一書針對的讀者乃住在小亞細亞的七大城市之中。[1]大部分相繼傳閱此書的讀者都住在城市裏。猶太基督徒，如約翰和他的許多讀者，無論在地理上和象徵意義上，都住在耶路撒冷和羅馬之間。因為這世界也慣於把城市擬人化為婦女，在啟示錄中的羅馬就以「大淫婦」的姿態出現（十七1），而不是以她在亞細亞諸城中受人敬奉的羅馬女神（goddess Roma）的形象出現。羅馬又被稱為巴比倫大城，這名字取自舊約，指那毀滅耶路撒冷的古城，耶路撒冷人民在被擄時期居住在該城裏。巴比倫就是羅馬城，建在七座山上（十七9），但她也代表了羅馬對其帝國內所有城市所作的腐敗影響。她是「偉大的巴比倫，淫婦之母」，淫婦可能是其他如亞細亞省諸城般分享羅馬的奢華和邪惡的城市。當羅馬傾覆，「列國的城」也同樣傾覆（十六19），相信這包括了以弗所、士每拿、別迦摩和其他城市。

但是，如果巴比倫乃現實中的羅馬城，那麼，耶路撒冷就不是現實中的城了。現實中的耶路撒冷在啟示錄寫成之前已為羅馬人所攻陷和洗劫了。事實上，啟示錄中有兩個耶路撒冷。一個是在新創造中從天而降的耶路撒冷；正如淫婦巴比倫一樣，新的耶路撒冷也同時是一位婦人和一個城市：新娘（羔羊的妻子）（十九7，二十一2、9），以及「聖城新耶路撒冷」（二十一2），「我神城」（三12）。巴比倫和新耶路撒冷是婦人——城市的對比，主導著啟示錄後半部的篇幅。除了將來的新耶路撒冷，還有十一章2節的「聖城」和十二章1至6節、13至17節的天上的婦人。十一章2節的城並非地上的耶路撒冷，啟示錄對此不感興趣；而十一章1至2節也非指公元七十年耶路撒冷的淪陷：當時聖殿中的至聖所肯定沒有受到保護，免受羅馬軍隊的蹂躪。[2]約翰在此重新解釋但以理書中有關對聖殿被褻瀆的預言（但八9～14，十一31，十二11），也許還解釋了福音書中那些基於但以理書而寫的、有關耶路撒冷陷落的預言（太二十四15；可十三14；路二十一20～24）。他重新解釋這些預言，指向教會受迫害；在象徵性的三又一半的年期中，教會跟羅馬帝國發生衝突，受到迫害。被外邦人踐踏的聖城，就是指忠心的教會在獸的手中遭受迫害並殉道。對於那些在教會中敬拜神的人來說，至聖所跟其敬拜者乃神隱藏的臨在。在迫害的過程中，他們的靈性會被保守，正如基督給非拉鐵拉教會的應許，要「保守」他們「免去普天下人所受的試煉」（三10；譯按：譯文跟和合本稍有出入）。他們將會遇難受死，但靈性卻得到保守。十一章1至2節關乎聖殿和那城的小預言，對應兩位見證人那免受損傷的靈性（十一5），以及他們的殉道（十一7～8）。外邦人所踐踏的聖城，就是兩位見證人屍首倒在街上的大城（十一8）。

當至聖所受保護，聖城被蹂躪，見證人發預言的時候（十一1～3），那已生下彌賽亞的天上婦人被安頓在曠野裏，得蒙保守（十二6、13～16）；同時，龍因為追趕不到婦人，就在挫敗之中轉過來攻擊她的眾兒女（十二13～17）。婦人在曠野避難是另一象徵，表示迫害中的教會其靈性是安穩的，就正如十一章1至2節所描繪的至聖所受到保護一樣。婦人被保平安，但獸卻統治她的兒女，並置之於死地（十三5～7）。她是耶穌的母親，也是基督徒的母親——夏娃、馬利亞、以色列、錫安和教會，全都統合在一個形象之中，這形象的屬靈意義是神立約的子民。[3]她是對應十一章2節中的聖城的女性形象。

因此，未來的新耶路撒冷、羔羊的新娘目前有一個開路先鋒，又有一個對頭人。開路先鋒是聖城——母親錫安，對頭人是巴比倫——大淫婦。巴比倫是「管轄地上眾王的大城」（十七18），而聖城，就只能以隱藏及對立的方式存在，雖然她的聖潔與新耶路撒冷相似，但跟新耶路撒冷那無與倫比的榮耀比起來，就有天淵之別，因後者的榮耀為地上的列王所尊崇（二十一24）。一方面，新耶路撒冷跟巴比倫的邪惡完全不同，但另一方面，她的光華與普世的統治就跟巴比倫相似。

無論約翰的讀者是猶太人或外邦人，他們大都屬於某一城市。而亞細亞省中的大城，絕大部分市民都有這個想法：只有在城市的公共生活中才可能完全成為一個人。對於約翰那些擁有一定的社會地位和財富足以讓他們參與這種公共生活的讀者——或許他們中間許多人已經參與了——基督教最難教人接受和叫人感到陌生不安的，正是在於要求人遠離這種公共生活，因為偶像崇拜和不道德跟公共生活糾纏一起不可分割。在給眾教會的七信息中，有許多證據顯明他們當中許多人都無意遠離公共生活。這不單是因為他們安穩的生活、對城市富裕的生活的享受遇到威脅，雖則這是一個主要的原因，也是因為他們都需要歸屬於那城市的社羣，認同他們用以界定身分的禮儀和引以為傲之事。而在公元第一世紀，這跟公眾和官方的熱心分不開，他們就是熱切於跟羅馬打交道，亞細亞的城市正顯示這一點。當然，對約翰讀者中的貧窮人來說，歸屬於羅馬帝國叫人既愛且恨，不一定常只是消極負面的。

猶太基督徒可能較少把自己的身分建立在參與城市生活一事上。[4]作為離散的猶太人，他們習慣了雙重效忠——對他們所選擇的城市，並對他們仍視為民族和宗教中心的耶路撒冷。耶路撒冷是象徵性的中心，是羅馬以外的另一屬靈選擇，對離散的猶太人極為重要，即使在公元七十年後依然不變。但士每拿和非拉鐵非的猶太基督徒，卻被猶太社羣否認；而不論在甚麼情況下，不論猶太基督徒在公元七十年之前對耶路撒冷的感覺如何，他們大都視聖殿的被毀乃耶路撒冷地上意義終結的記號。那肯定是出自神的審判，同時卻使他們失去了一個可歸屬的城市。

我們記得，啟示錄的策略之一，乃在創造一個符號世界讓讀者進入，重新引導他們對世界作出想像性的回應。如果他們要遠離巴比倫，以及巴比倫對他們所屬城市的腐敗影響，那就不單需要從另一個跟羅馬所宣傳的不一樣的角度去看羅馬文明，並且，他們更需要另一個選擇。如果他們(象徵性地)要從巴比倫「出來」(十八4)，他們就需要有可去的地方，另一個可歸屬的城市。如果他們要抵抗巴比倫強而有力的引誘，就需要另一更具吸引力的城市。既然巴比倫是統治地上列王的大城(十七18)，也統治地上的耶路撒冷，那麼，這另一個的選擇就只能屬於終末的將來。這是神的另一個城市，從天而降的新耶路撒冷。她是屬於將來的，但藉著約翰的視象她已顯出其吸引力了。在將來的高山(二十一10)，新耶路撒冷將更高於那立在別迦摩曾為撒但寶座的顯赫城堡(二13)，並更高於巴比倫所座落的七座山(十七9)。新耶路撒冷的光芒實是神的榮耀，早已吸引人歸向她，甚至，在教會的見證下，也吸引了列國及其君王(二十一24)。約翰的讀者可能尚未進入此城，但可期盼在內中有分

（三12，二十二14、19），歸屬於羔羊的新婦（十九7～8，二十二17），她跟羔羊的婚期，將是新城從天而降的一刻（二十一2）。

是以，因為他們當前的屬靈中心乃是隱藏的和對立的（十一1～2），而巴比倫的光華和力量又主宰著整個世界，包括他們所在的城市的生活，所以，約翰的讀者需要一終末將來的中心為視象，作為他們生活的方向。它必須以巴比倫以外的另一個選擇出現，因此，淫婦巴比倫城（十七1～十九10）和羔羊的新婦新耶路撒冷（二十一9～二十二9）就形成結構上的一對，在啟示錄後半部出現。兩者都利用古代神話中理想城市的形象，在那裏人類社會中有神聖者居在其間，活得安穩而富裕。巴比倫代表對這理想的曲解，因為人的自我神化取代了真神，成為城市的核心。舊約中一切驕傲、蔑視神、暴虐與壓制的城市和國家，都有分在這圖畫上添上一筆：巴別、所多瑪、埃及、泰爾、巴比倫、以東。啟示錄中的巴比倫是這一切的總和，且有過之而無不及。然而，這種對過去的回響，乃是經過約翰的調整而對應現狀的：約翰的讀者可以充分認出當代羅馬的真面目。反過來，新耶路撒冷代表理想城市的真正實現，一個真正值得歸屬的城市。新耶路撒冷吸納了地上耶路撒冷所渴望的理想城市，但更在終極的意義上超越了這一理想，這終極的一面早已見於舊約先知的視象。在啟示錄中，巴比倫的傾覆佔著很長的篇幅，固然這是人敵對神的必然後果，但人們為之慶賀，卻不是為著傾覆本身。必須先有巴比倫的傾覆，然後新耶路撒冷才有取代她的可能。巴比倫這撒但偽裝的理想城，必須讓路給神聖的實在。但約翰盼望在這事實現之前，不單他的讀者，就連列國(透過他的讀者)也都可以從巴比倫那欺哄人的妖媚中被贏取過來，被新耶路撒冷真正的風采所吸引。

為此，巴比倫和新耶路撒冷這兩個視象就充滿著襯托和對比。[5]以下一些主要的描寫方式把新耶路撒冷表達為巴比倫以外的另一個選擇，現將之列出以顯明此點。

耶路撒冷	巴比倫
(1) 純潔的新婦，羔羊的妻 (二十一2、9)	與地上君王行淫的淫婦 (十七2)
(2) 她的光輝是神的榮耀 (二十一11～21)	巴比倫的光輝源自帝國內的剝削 (十七4，十八12～13、16)
(3) 列國在她的光裏行走，這光是神的榮耀 (二十一24)	巴比倫敗壞及欺哄列國 (十七2，十八3、23，十九2)
(4) 地上君王將自己的榮耀歸與她 (即敬拜並順服神：二十一24)	巴比倫管轄地上眾王 (十七18)
(5) 他們將列國的榮耀、尊貴歸與她 (即：歸榮耀與神：二十一26)	巴比倫奢華財富乃由各方各地強索而來 (十八12～17)
(6) 不潔淨的，並那行可憎與虛謊之事的，不得進去 (二十一27)	巴比倫行可憎的，不潔淨的與虛謊之事 (十七4、5，十八23)

(7) 醫治萬民的生命泉和生命樹（二十一6，二十二1～2）	巴比倫的酒叫列國喝醉（十四8，十七2，十八3）
(8) 生命與醫治（二十二1～2）	被殺之人的血（十七6，十八24）
(9) 神的子民被呼召進入新耶路撒冷（二十二14）	神的子民被呼召從巴比倫出來（十八4）

作為地方的新耶路撒冷

啟示錄對新耶路撒冷的描繪，十分出色地把許多舊約傳統的線條編織起來，成為一個融貫、引起豐富聯想的地方形象，在當中人是活在神的直接臨在中。我們可從三方面去思考這個形象：地方，人民，神的臨在。我們將逐一研究，但無可避免會經常互相指涉。

作為一處地方，新耶路撒冷乃同時為樂園、聖城和聖殿。作為樂園，她是自然世界的理想狀況：從地上的毀滅者手中被拯救出來，與人類和好，神的臨在充滿其中，並作為中介帶給人類終末生命的祝福。作為聖城，她實現了那古城的理想：[6]她是天與地在地上相遇的中心，神在這裏治理祂的地土和子民，列國被其光照所吸引，子民住在以神為中心的理想社羣中。作為聖殿，她是神直接臨在的地方，祂的敬拜者可以看見祂的臉。

這城所降在的「高大的山」(二十一10) 有悠久的神話淵源，並且直接是從以西結書四十章2節引伸出來。[7]這是宇宙性的山，天與地在這山會合，眾神曾在這山居住，聖城曾建在其間，以聖殿為其中心。樂園曾在「神的聖山上」(結二十八14)。現實上，耶路撒冷和聖殿所在的錫安山並不那麼高，但在神話中卻是非常高的(結四十2)：「錫安山——大君王的城，在北面居高華美，為全地所喜悅」(詩四十八2)。作為神的居所、祂統治的寶座：「大君王的城」，她是攻不破的(詩四十八)。即或神的寶座是在天上，錫安山也是祂的腳凳(詩九十九)。在末後的日子，這山要被高舉過於諸山，變成她所象徵的那廣大無邊的山，而山峯上的聖殿將吸引萬國歸向她(賽二2)。再者，這山也是樂園恢復之地(賽十一9，六十五25)。因此，啟示錄二十一章10節講的新耶路撒冷所在之地是指向那理想的地方。地上的耶路撒冷所能做的，頂多是象徵那將要成為現實的。古巴比倫的建造者(創十一1～9)追求以自我神化的驕傲來接連天與地，約翰看見當時的羅馬正重複這個動作，然而，只有從神而來的新耶路撒冷，才會真正把天與地聯合起來。

新耶路撒冷其中有樂園，以生命泉(二十二1～2；參七17，二十一6，二十二1，二十二17)和生命樹(二十二2；參二7，二十二14、19)的形式出現。這兩者有多重的舊約根源，約翰自己把它們結合起來(生命泉參：賽四十九10，五十五1；結四十七1～12；亞十四8；生命樹參：創二9，三24；結四十七12)。這些都代表終末生命的食物和飲料。作為屬於新創造的生命，這是永恆的生命，不像那由這創造世界中獲取飲料以支持生存的必朽生命。這生命是從神來的（二十一6，二十二1），神自己就是新受造世界的生命，但生命泉與生命樹的形象卻表示，正如神透過我們所屬的這個受造世界賜給我們必朽的生命，祂也透過新創造的世界這一中介而把終末的生命賜給我們。

有一點不十分明顯，但熟悉猶太傳統的就看得出來，就是新耶路撒冷是以樂園中的寶石和金屬建造的。按猶太的解釋，樂園中的哈腓拉是金子和寶石的出產地（創二11～12）。再者，以西結書有對泰爾王說的話（這在啟二十一19得到回響）：「你曾在伊甸神的園中，佩戴各樣寶石。」（結二十八13）接著列出的寶石在瑪索拉抄本中跟大祭司胸牌上十二種寶石中（出二十八17～20）的頭九種完全一樣。這名單約翰也有一個版本，即裝飾在新耶路撒冷十二根基上的寶石（啟二十一19～20）。從以西結書中約翰曉得這名單代表一切的寶石，全都要在樂園中找到。不同的猶太傳統都宣稱胸牌上的寶石以及用在祭服上和聖殿裝飾上的其他寶石和金子，都來自樂園（神祕的巴瓦音，即所羅門聖殿所使用的金子的來源地〔代下三6；參1QGen. Apoc. 2:23〕，被視為跟樂園等同）。再者，啟示錄之前有一釋經傳統，把用來建造新耶路撒冷的寶石，跟以賽亞書五十四章11至12節中大祭司的袍子上的寶石等同，那些寶石是那麼的光華奪目，甚至要作為新耶路撒冷的光，代替太陽和月亮（參4QpIsa.[a] 1:4～9；*L.A.B.* 26:13～15）。因此，不單啟示錄二十一章19至20節的十二種寶石，就是別的用來建城的寶石和金子（二十一18～21），都是象徵新耶路撒冷乃一聖殿城市(temple-city)，由樂園中非比尋常耀目珍貴的物料所裝飾。當整個城市被形容為有「神的榮耀和光輝如同極貴的寶石，好像碧玉，明如水晶」（二十一11；譯按：譯文跟和合本稍有出入），我們就想起神自己的榮耀「好像碧玉和紅寶石」（四3），祂寶座前的玻璃海透明如同水晶，反映神的榮光（四6）。約翰的意思大概是，全城皆以華麗的寶石和半透明的金子建造和裝飾，因此光亮耀目，反映神自己的榮光（參二十一23）。

新耶路撒冷的物料來自樂園，這表示這些物料不能僅僅以寓意的方式來了解，以為只是住在城中子民的屬性。在預備婚禮時，羔羊新婦穿著的細麻衣代表聖徒在此世的義行（十九7～8），而當大婚之日來到，她佩戴的寶石卻是神在新的受造世界中所賜給她的榮耀。這些寶石是新受造世界的美，反映神的榮光，被創造為一個家，讓被榮耀的人類居住。

起初，神開闢了一個園子讓人類居住（創二8）；末了，祂要給他們一座城。樂園的祝福要在新耶路撒冷重現，但新耶路撒冷並不止於樂園的復現。作為一個城市，她實現了人類的渴求，從大自然建立一處人類文化與社羣的地方。真的，她是神賜的，故此從天而降；但這並非表示人類在其中毫無貢獻，這是人類歷史和文化的頂峯，必要的條件是：只要這一切是奉獻給神的(參二十一12、14、24、26)；以巴比倫為代表的對歷史和文化的種種扭曲以至於敵對神，當然不計其內(參二十一8、27，二十二15)。這城是來自神的，意思即一切美好的都來自神；當承認一切都來自神，則一切人類的美好都是最好的。然而，這城市既涵蓋未被破壞的樂園(二十二1～2)，又以樂園的美麗予以裝飾(二十一19)，實指向自然和人類文化的和諧，這是古代城市一度所渴求的，卻為現代城市逐漸背離。

作為一個城市，新耶路撒冷是神聖國度的座位。這曾一度在天的寶座(四章)現在就立在新耶路撒冷(二十二1～3)。這城同時為世界的光，列國藉這光而行走(二十一24；參賽六十3)，也是朝拜的中心，列國及其君王都帶著貢品前來(二十一24～26；參賽六十4～17；亞十四16)。在以賽亞書六十章5至17節中，列國向耶路撒冷進獻的是物質的財富，在啟示錄中，地上列王呈獻的是「自己的榮耀」，子民呈獻的是「列國的榮耀、尊貴」(二十一24～26)。這樣寫的目的大概是要造成一種對比：跟巴比倫不顧自己的臣民，一心縱情於賺取國家的財富的情況作一個對比(參十八11～14)；同時，也是要把榮耀這貫通全篇的主題作一個延伸。當然，在把自己的榮耀歸為神的榮耀的過程中，列王與列國並沒有失去榮耀，只是承認其根源乃在於神，一切榮耀和尊貴都屬於祂。「榮耀與尊貴」經常在啟示錄的頌讚中出現(四11，五12～13，七12；參十九1)，這並非偶然的。

啟示錄對新耶路撒冷的描述，很多地方都緊貼著舊約的模式(特別是賽五十二1，五十四11～12，六十章；結四十2～5，四十七1～12，四十八30～34；亞十四6～21；Tob. 13:16～17)。她最不尋常之處乃在聖殿的隱設：「我未見城內有殿，因主神全能者和羔羊為城的殿。」(二十一22)以西結書稱耶路撒冷為「耶和華的所在」(結四十八35)，撒迦利亞書宣稱整個城聖潔如聖殿(亞十四20～21)，而約翰所取材的以賽亞書(啟二十一27)，就不准禮儀上不潔的人進入新耶路撒冷，正如聖殿禁止不潔之人進入一樣(賽五十二1；詩二十四3～4)。這些先知還沒有預見整個城是神聖潔臨在的地方，是祂真正的「聖山」，雖然他們離此不遠；看來約翰才是把聖殿完全除去的第一個先知。這城毋須聖殿，毋須一個特別為神的臨在而設的地方，因為整座城都充滿神直接的臨在。結果，整座城就成為聖殿。除了前述的特性以外，她叫人印象最深刻的特徵乃是其完美的正立方形狀(二十一16)，在這一點上，她跟想像中的城市都不同，但與聖殿中的至聖所相似(王上六20)。整座城徹底地化為一座聖殿，啟示錄比它所取材的先知書就更進了一步，由此可見，神的直接臨在這一主題於啟示錄中新耶路撒冷的整個概念是多麼的重要。

作為子民的新耶路撒冷[8]

當約翰看見新耶路撒冷從天而降（二十一3），他聽到有聲音宣告其意義：

看哪，神的帳幕在人間。
他要與人同住，他們要作他的子民。
神要親自與他們同在，作他們的神。
（二十一3）

我們已經注意到這些說話乃神應許與祂的子民以色列人同住，要成為他們的神（結三十七27～28；亦參亞八8）的回響，也是神應許列國亦同樣要成為祂的子民，祂會在錫安與他們同住（亞二10～11；亦參賽十九25，五十六7；摩九12）的回響。這些說話是整個新耶路撒冷敘述的綱領，把神對祂立約子民的委身的言語，跟指向全人類的普世言語結合起來。當約翰說：「神與**人**（humans）同在」（*meta tōn anthrōpōn*），他用的是一個他通常用來表示一般人的字（八11，九6、10、15、18、20，十三13，十四4，十六8、9、21）；當說到「他們要作祂的子民」(peoples, *laoi*)，約翰就選上較為常用的「列國」(nations, *ethnē*；參二26，十一18，十二5，十四8，十五3～4，十八3、23，十九15，二十3)，這是神立約子民一字的眾數(如結三十七27)。現在立約子民已經完成他們作列國的光這一角色，那麼，列國則將分享立約子民應有的權利和應許。

有關新耶路撒冷的整段描述有兩套言語及符號系統，分別指向立約子民和列國，貫串全篇。首先，以色列和教會的歷史都在新耶路撒冷完成。以色列十二支派的名稱寫在閘門上(二十一12)，一如以西結書的視象(結四十八30～34)，而十二使徒的名字則刻在城的根基上(二十一14)。這城的結構及維度是由象徵神子民的數字所組成：十二(二十一12～14、16、19～21；參二十二2)和一百四十四(二十一17；參七4，十四1)。終究，這是新**耶路撒冷**。舊約的立約公式(「我要作他們的神，他們要作我的子民」)先後在二十一章3節及二十一章7節被修改而應用於列國，這就成了神對基督徒殉道者的應許，即對約翰的讀者被呼召去作的誠實見證人的應許；而給眾教會的七信息中，所有給「得勝的」的應許，都總結在這一應許內了。再者，對新耶路撒冷整個描述的高潮(二十二3下～5)畫出了成為「國度，作祭司歸於神」(五10；參一6；譯按：譯文跟和合本稍有不同)的結局；這是羔羊為基督的追隨者所贏取的(五9，一5)。在新耶路撒冷他們要在神的直接臨在中敬拜祂，好像祭司一樣（二十二3下～4），並且也要分享祂的統治，好像君王一樣（二十二5）。

另一方面，列國都要在城的光裏行走（二十一24），人要將列國的榮耀和尊貴歸於那城（二十一26），地上的君王也要將自己的榮耀歸於那城（二十一24）。「地上的君王」這一片語遍及整卷啟示錄，指的是那些跟巴比倫和獸聯合，對抗神的國度（六15，十七2、18，十八3、9，十九19；引喻詩二2）的統治者，他們都是耶穌基督最終要統治的對象（一5；參十七14，十九16）；而二十一章24節中的「地上的君王」是全書最後出現的一次。這些述及列國和君王跟新耶路撒冷的關係的經文，乃建基於以賽亞對新耶路撒冷統管世界的視象（賽六十3、5、11）。叫人更震驚的是約翰在啟示錄二十二章2節中，改編了另一段舊約的預言以應用在列國身上。啟示錄二十二章2節所述的生命樹是根據以西結書四十七章12節的；以西結書中的樹每月結果子，約翰把這說成是結出十二種果子；以西結書中的樹葉只說用來醫治，約翰則特別說是「醫治列國」。因此，約翰把立約子民的暗喻（數字十二）跟列國的指涉結合起來，這就跟他對新耶路撒冷整個描述的目的一致。

把特殊主義（立約子民）和普世主義（列國）結合於新耶路撒冷的描述中，有三種不同的解釋。首先，曾經有人指出約翰從頭到尾都不過是要指向那些從列國中買贖回來的立約子民（五9～10）。當背叛的列國受審之後，立約的子民就繼承土地，成為地上的列國和君王，代替那些曾經服事巴比倫和獸的。這解釋未能充分考量二十一章3節，那裏一開頭就把整個描述的總意説明了；並且這也沒有認真對待我們在本書第四章中研究過的證據，那些證據顯示啟示錄中教會見證的目的乃在於帶領列國歸正。其次，有人會認為，立約子民是居住在新耶路撒冷城中（二十二3下～5），而列國及其君王則在這城外居住並探訪這城（二十一24～26）。根據這一觀點，列國都在終末的祝福上有分，但立約子民享有特殊的權利。這種看法亦對二十一章3節的含意缺乏嚴肅的考慮；二十一章3節宣稱列國都是立約的子民。如果列國及地上君王需要經過城門進入城中（二十一24～26），基督徒殉道者亦然（二十二14）。新耶路撒冷的形象所傳遞的信息是，列國要全然包括在立約的祝福之中，而非部分。第三個解釋最有可能：整個對新耶路撒冷的描繪，是有意將特殊性與普世性的形象結合起來，以強調二十一章3節的看法。這結合把舊約中對神自己子民命運的應許，跟普世性的盼望連接起來，這普世性的盼望其實在舊約也可以找到，就是列國都要成為神的子民。立約子民的歷史，包括了以色列這個民族以及從列國中被贖回的教會的歷史，將在這一件事上——把列國包括在神子民的立約特權和應許中——達至終末的完成。

新耶路撒冷的普世性視象乃萬國歸正的完成。早在十一章13節，十四章14至16節，十五章4節已清楚表明了萬國的歸正，這普世範圍不應被縮減，然而，不可把這理解為啟示錄預言每一個人都各自得救。有兩段經文（二十一8、27；參二十二15）避免了這一結論。不悔改的罪人，在新耶路撒冷是沒有地位的。這兩段經文以不同但互補的方式表明這一點。二十一章8節是作為二十一章7節給得勝者的應許的補充，它警告基督徒：如果他們不作誠實的見證人，卻有分於巴比倫的罪，他們就不能承受聖城新耶路撒冷，必要遭受對巴比倫的邪惡的審判（參十八4；二十二章14至15節再次同時出現對基督徒的應許和警告）。在二十一章8節用來描述罪人命運的形象，乃神聖審判的形象（參二11，十四10，十八8，十九20，二十10、14～15）。在二十一章27節的形象，則拒絕一切不潔之人進入聖城神聖潔的臨在中（參賽五十二1），在此被警告不准進入的，乃是那些不悔改的（參十四6～11）列國和君王（二十一24～26）。

作為神聖臨在的新耶路撒冷

啟示錄是以神為中心的，這在其四至五章是那麼的明顯，在對新耶路撒冷的描述中，這一點再次成為焦點。當受造世界成為神直接臨在的場景，即達至她終末的完成。而這正是新的受造世界其「新」之所在，即神沛然臨在於舊的受造世界之中。

在二十一章以前，啟示錄稱神為「那位坐在寶座上的」，把神的臨在限於天上祂寶座所在之處。但這並不表示祂目前沒有以任何方式臨在世界，祂只是以弔詭的方式臨在—在隱藏和對立中臨在。祂在至聖所中臨在於祂的敬拜者當中，那是受迫害的教會的隱藏和內在的實質（十一1～2；參十三6）。祂以被殺羔羊的方式臨在，祂以靈的身分臨在那些羔羊的追隨者的誠實見證中，這些追隨者追隨基督以至於死。當獸還在統治世界，而人類也拒絕歸榮耀與神的時候，祂顯明的臨在、那跟祂的統治分不開的榮耀，就只能在天上顯現。當祂的榮耀在天上顯現，其在地上的果效就是對邪惡作毀滅性的審判（十五7～8）。只有當所有邪惡都被毀滅、神的國度降臨，祂的寶座才會安置在地上（二十二3）。到那時，當新耶路撒冷從天而降，神就要以地上為家，與人同住（二十一3）。二十一章3節用的「帳幕」（'dwelling', *skēnē*）和「居住」（'dwell', *skēnoō*），原文是屬於猶太人用的希臘文，其實是希伯來文*mishkān*和*shākan*的音譯，在舊約中用以指著神在會幕和聖殿中的臨在。既然整個新耶路撒冷是一個至聖所，神的直接臨在自然充滿其中。新耶路撒冷取代聖殿，讓神和羔羊的臨在無所限制（二十一22），神終末的臨在有如祂在聖殿中的臨在（如結四十三），滿有聖潔和榮光。作為終末的臨在，這新的耶路撒冷亦是新受造世界中新生命的源頭。

如前所述，這聖潔禁止不潔之人進入聖城（二十一27；參二十一2、10）。但這為神聖的聖潔所充滿的城，同時也為神聖的光輝所充滿；她不需日頭、月亮或燈光（二十一23，二十二5），因她有神的榮光（二十一11），透過這城自身多重色彩的明透物的光輝反映出來（二十一11、18～21）。因此，受造世界有一道德和宗教的目的——在神的聖潔的臨在中完成其對神的奉獻；又有一美的目的——因反映神聖的榮耀而實現了她的美。後者跟前者一樣，都是以神為中心的。新的受造世界一如舊的，有著神所賜予屬於她自己的美，但將比舊的更美，因為她明顯反映神自身的光輝。同樣地，列國和列王將享有其自身的榮耀——一切人類文化的美好——但當他們把自己的榮耀獻上，歸為神的榮耀之時，他們就更能享受自身的榮耀。神將會「在萬有之內」（林前十五28），這並非藉著否定萬有，而是藉著直接臨在萬有之中。

作為「那位活到永永遠遠的」（四9～10，十6，十五7），神的臨在也表示生命的圓滿：生命已超越現在一切威嚇和對抗生命的權勢，生命成為永恆，因為直接連於神自身的永恆根源。因此，神賜下生命泉（二十一6）從祂的寶座中流出（二十二1），澆灌生命樹（二十二2）。一切悲傷，苦困和死亡都要永遠被廢棄（二十一4）。值得注意的是，約翰用那取自以賽亞書的美麗形象：神自己「要擦去他們一切的眼淚」（二十一4；亦見七17，參賽二十五8），把這應許直接跟神的臨在連繫起來（二十一3）。神審判的行動只間接地由祂的使者去執行，是透過中間的媒介去完成的，而這裏，卻說神自己要把祂一切受苦的創造物臉上的眼淚拭去。啟示錄很少用「愛」這個字（參一5，三9、19，二十9），但再沒有比這裏所描繪的更能活畫神的愛了。

這環繞神和羔羊的寶座的最後一幕（二十二3下～5）把我們帶返整卷書的中心符號：神聖寶座，以及其中崇拜和政治形象的結合，那最初在四至五出現。我們應當注意當中的對比。在四至五章中，天上的活物於神直接的臨在中形成一祭司的內圈，而二十四長老則環繞寶座組成另一內圈分享神的統治。他們代表其他受造物呈獻敬拜。然而，在二十二章，所有進入新耶路撒冷的，都可以直接來到神在地上的寶座前。他們是祭司，敬拜神；又是君王，跟神一起統治。

在地上耶路撒冷的聖殿，大祭司每年只一次把神的聖名戴在額上，進入至聖所神直接的臨在中。在新耶路撒冷神永遠的至聖所，所有人都可以享受這直接的臨在，沒有任何阻隔。再沒有較下面的字句更能豐富地表達這種直接性：「他們要見他的面。」（二十二4）。這是神的面，沒有任何必朽的生命見了又能生存的（出三十三20～23；士六22～23）。只是，要見神的面卻是人類最深切的宗教渴求，惟有在這必朽的生命以外才能實現（詩十七15；林前十三12；參4 Ezra 7:98）。面孔，表達一個位格之所是。見神的面，就是認識神的位格，從而知道祂是誰。這將是人在其對神永恆的敬拜中，所要享受的永恆喜樂的中心所在。

說到神在終末國度統治的形象，最要注意的是，祂所統治的世界跟「那位坐在寶座上的」所暗示的一切距離，已經全然消失。祂的國度跟獸的國度完全不一樣。這國度的實現不在於神的「僕人」臣服在祂的統治底下（二十二3），而在於他們跟祂一起統治（二十二5）。要點不在於他們治理甚麼人，而在於神對他們的治理乃是讓他們可以有分於祂的治理。這形象表達了神的統治和人類的自由有一終末的協調和諧，這一點也在神的服事乃完全的自由這一弔詭中表達了（參彼前二16）。因為神的旨意就是這項道德真理：本質上我們是祂的受造物，所以惟有當我們自由地順服，讓祂的旨意同時成為我們心中主動的渴求的時候，我們方可完成自己。因此，在神的國度達至圓滿之時，神治（神的統治）和自主（自我決定）將合而為一。是以，啟示錄最後使用神寶座這一中心性形象（二十二3下～5），排除了所有關於人治的聯想（因人的管治必有被管治的臣民），而讓它成為一個單純表達以神為中心的人類完成的視象。

1 關於城市，特別見C. J. Hemer, *The Letters to the Seven Churches of Asia in their Local Setting* (*JSNT* SS 11; Sheffield: *JOST* Press, 1986)。

2 對啟十一12詳細討論，見Bauckham, *The Climax of Prophecy*, chapter 9 ('The conversion of the Nations')。

3 參J. Sweet, *Revelation* (London: SCM Press, 1979), 194～196。

4 小亞細亞猶太人參與城市生活的（不同）程度，見P. Trebilco, *Jewish Communities in Asia Minor* (SNTSMS 69; Cambridge University Press, 1991)。

5 參C. Deutsch, 'Transformation of Symbols: The New Jerusalem in Rv 21 [3]-22 [5]', *ZNW* 78 (1987), 106～126。

6 參J. Dougherty, *The Fivesquare City* (Notre Dame and London: University of Notre Dame Press, 1980), chapter 1。

7 有關背境，見R. J. Clifford, *The Cosmic Mountain in Canaan and the Old Testament* (Cambridge, Mass.: Harvard University Press, 1972)；R. L. Cohn, *The Shape of Sacred Space* (AARSR 23; Chico, California: Scholars Press, 1981)；F. R. McCurley, *Ancient Myths and Biblical Faith* (Philadelphia: Fortress Press, 1983), part 3；W. J. Dumbrell, *The End of the Beginning: Revelation 21～22 and the Old Testament* (Hombush West, NSW: Lancer Books; Exeter: Paternoster Press,1985)；B. C. Ollenburger, *Zion the City of the Great King* (*JSOT* SS 41; Sheffield: *JSOT* Press, 1987)。

8 這一節詳細的論證，見Bauckham, *The Climax of Prophecy*, chapter 9 ('The Conversion of the Nations')。

第七章

啟示錄對今日的意義

基督教正典的預言

啟示錄在基督教聖經的正典中，有其獨特的位置，是惟一歸入正典的基督教預言作品。再者，這作品自知其為整個聖經先知傳統的頂點，她有意承接舊約的預言，且其全面性叫人難忘。若跟其他現存初期基督教主要的預言作品比較，這一點就更為突出。羅馬基督徒先知黑馬 (Hermas) 的作品《牧人》(*The Shepherd*) 在初期教會很受歡迎，雖然最後沒有被接納為正典。儘管黑馬具有基督徒先知的意識(或許正是因其基督徒先知的意識)，他實際上忽略了舊約。但約翰卻浸淫其中，不單以舊約作為思想的素材，更以之為神的道，在神終末旨意開始成就的世代中，重新予以解釋。他收集所有舊約中指向終末將來的期盼的線索，集中在一個全新的視象內，視象中顯示這一切的線索將要如何實現。

從舊約預言中對神在地上普世國度來臨的期盼，約翰看見舊約預言的統一性。他根據那藉耶穌的生命、死亡和復活所開始成就的盼望，以及隨之而來神的子民轉變為一從列國而來的子民的結果，來閱讀舊約的預言。他從耶穌和祂的教會的角度來閱讀舊約，但他也透過舊約的預言來解釋耶穌和祂的教會。後者賜予他神普世的國度必然來臨的盼望，而他的基督教信仰就讓他深信：神國度的來臨是透過耶穌的生命、死亡和復活。但約翰自己也是先知，有新的啟示要傳遞；這新的啟示就是，教會被召去參與耶穌的得勝，即跟隨耶穌走過的路，勝過邪惡，這條小路就是誠實地見證真理，以至於死。這是神的子民跟這世界那敵對神統治的勢力的最後抗爭，藉此，真理將勝過邪惡所賴以統治的虛謊。如此，列國要被贏取過來，敬拜獨一的真神。如此，耶穌將顯出他自己就是實現神一切應許的那一位。如此，神普世的國度——整個聖經先知傳統最終的指向——將會降臨地上。

因此，約翰這有關神聖旨意的先知性啟示，據他宣稱，是耶穌基督自神那裏領受後向他啟示的，乃是一個焦點，讓他可以把他之前的整個先知傳統中的各種豐富不同的形象和期盼，匯聚起來。從舊約的角度來了解耶穌基督，並從耶穌基督的角度來了解舊約，是初期教會從開頭就一直沿用的做法；並且，如果教會不是要打破耶穌自己跟其子民的宗教傳統的全然連續性，那麼，這個做法還必須繼續下去。而在約翰的新的先知式啟示中，這一種解釋就達到高峯。當然，那只是相對地新的。約翰的啟示讓舊約和初期基督教傳統中的線索有新的澄清，他能夠對這兩者作出跟他的啟示相一致的解釋。除此之外，啟示錄也給予先知傳統中所預見的將來新的生命；這將來現在被重新預見。基督徒小羣在敵對的環境中，很自然陷入若非同化就是自閉的景況，現在則被挑戰，要藉著對神真理的誠實見證，對付羅馬帝國的龐大力量，把列國贏取過來歸向神，從而實現這一視象。從二十世紀的角度來看，我們需要想像才能完全領會約翰視象那種先知式的勇氣。

根據啟示錄的特性，以及它與基督教聖經正典中其他書卷的關係，以這卷書作為整個正典的結束，是再適合不過的了。沒有其他聖經書卷能這樣全面地匯聚整個聖經傳統中指向終末將來的向度。啟示錄引出了整個聖經歷史如何指向神普世的國度(更不必說聖經歷史中的高潮基督事件)，它在聖經書卷中的這個特質讓我們可以朝向那將來而活。

真正的預言？

教會接納啟示錄為新約正典，就是承認其為真正的預言。然而，在初期教會時代，以及後來十六世紀當正典性(canonicity)的問題在某程度上再次被討論的時候，反對啟示錄的大有人在。必須承認，那些對啟示錄的價值抱懷疑態度的人，所關注的幾乎都不過是一些表面的問題。但在較近代的基督教歷史中，啟示錄作為基督教的聖經，其地位受到更廣泛的質疑。我們不能逃避這個問題：啟示錄是真正的預言嗎？要恰當地回應，則必須承認這一問題不能靠賴個人或小羣的判斷來回答。整體教會在她多個世紀的歷史裏，在廣泛不同的處境中把聖經當作聖經來使用，正是這一用法，證明了聖經向神子民傳遞神話語的能力。限於篇幅，這裏無法考查啟示錄在教會歷史上種種被使用和誤用的方法。但是，這樣的考查會顯示出，以下的普遍想法是極為誤導的：啟示錄乃熱衷千禧年夢想的小羣教派的特殊愛好。當然，歷史上曾經出現且存在著這樣的小羣。但啟示錄卻一直對整個教會的視象有如下的啟發：在對神的認識上，及祂對歷史和終末將來的旨意上；也許教會的禮儀、詩歌和藝術，是特別受著這些方面的啟發的。[1]啟示錄同時為殉道者[2]和先知的書，這兩組人經常挽救教會免於與世界妥協合模、背叛見證的境況。對教會以及對國家和社會作先知式的批判，啟示錄乃一經常被使用的資源。[3]

然而，作為正視某些富爭議性的問題，提出這個問題（啟示錄是否真正的預言）也是值得的。這些問題影響著啟示錄作為給當今教會的神的話語的地位。我們可以從這個觀察開始：我們在上一節所強調的啟示錄跟舊約的連續性，正會冒犯某些當代的批評家。魯道夫·布特曼（Rudolf Bultmann）曾以如下名言把這責為「軟弱的基督教化的猶太教」（weakly Christianised Judaism）。[4]但這句話卻顯示了基督教在十九世紀和二十世紀早期那種否認其猶太根源的傾向。這種傾向作出非比尋常的提議，只有非猶太的才是真正的基督教的，並且，基督教之成為基督教，大抵在於其對猶太教的否定。我們現在應該可以看出，這一思想進路當中那種不自覺的反閃族主義(anti-Semitism)傾向，並且也可以看見，它是怎樣背離整個基督教傳統的標準：整個基督教傳統由始至終都宣稱新約與舊約具有牢不可破的延續性。這從歷史看也是不可信的。我們現在也都可以知道，不單啟示錄，就是全部的新約文獻都是一個運動的產物，這運動最好稱之為第一世紀的一種猶太教；其跟別的形式的猶太教的分別，並不在於對猶太宗教傳統的否定，卻在於其對傳統盼望神國度實現方式的了解：神的國度正在彌賽亞耶穌身上實現。[5]只有基督教的諾斯底主義試圖否定兩者的延續性。啟示錄把基督徒置於耶穌身上的信與望，跟舊約傳統置於神身上的信與望，廣泛地建立起兩者之間的延續性，事實上僅只是以一異常出色的方式肯定初期基督教所相信的。再者，值得想一想的是：啟示錄對列國歸正的盼望這一叫人震驚的普世主義，新約中再無其他書卷可與此相比，而且，這盼望也是植根於舊約先知傳統的。基督教在成為普世宗教的過程中，並沒有割裂其跟猶太宗教傳統的關係，反之，卻是發展兩者之間的延續性。

這表示若要明白啟示錄作為預言的主張，就必須從其跟整個聖經先知傳統的延續性來看，即必須從一般聖經預言的性質來了解。老生常談卻又值得重複的是：聖經的預言遠過於預測(prediction)。就如一般的聖經預言所需的條件，啟示錄作為預言，它可說包括了三項密切相關的元素。第一，藉著對神的本性和旨意的先知式眼光，**判別** (discernment) 當代的形勢。我們注意到啟示錄的主導性先知關懷乃暴露事物的真相——包括教會和世界的真相——以及從神在天上統治的角度揭示事物的面貌。這樣，羅馬政權那種欺騙性的意識形態就被揭露出來，而教會也對自身處境的真相警覺起來，她們正是被召在這處境中作見證的。第二，**預測** (prediction)。在約翰的視象中，他不單看見「正在發生甚麼」(what is)，還有「此後必然發生甚麼」(what must take place after this，見一19；參四1、一1)。本質上，預測的內容是看見神為普世國度的來臨而定的終極旨意，如何跟先知所理解的當代處境連繫起來。**必然**發生的是神國度的來臨——否則神就不是神了。作為預測的預言，要揭示的是，如果神的國度要來臨，那麼要怎樣改變當代的處境。第三，預言要求聽眾對下列的事作出恰當的回應：當代世界的真相，以及預測神旨意的落實對當代世界的意義。正是這第三元素保證聖經預言中的預測元素並非宿命論的。它留有餘地，給人自由，讓人可以回應神的旨意，參與祂為世界設定的目的。約拿向尼尼微預告的審判並沒有實現，因為尼尼微以悔改回應了他的預言。神的國度必要來臨——否則神就不是神——但其預定要來臨的方式卻在乎人的回應，並在乎神的自主：祂讓人的自由在祂的旨意中參與多少。無疑，猶太的天啟文學傾向於比較決定論的歷史觀，較之於舊約預言這方面的特色，有過之而無不及。但我們已經察覺到在這方面，約翰更接近較古老的先知觀點，他的預言沒有預先決定教會被呼召向列邦見證的後果會如何，惟一絕對的是，神的國度必然要來，祂受造世界的終末更新必然發生。然而，跟盼望列邦歸正敬拜真神，同樣存在著審判世界的危機，因其最終拒絕承認神的統治。

在本書我們已經多次察見啟示錄並非要預測一連串事件的發生，像是預先把歷史寫下來。對啟示錄這樣的誤解，[6]在對其形象的嚴肅和敏銳的研究下，無法站得住腳。對當下與主再來之間(即國度的最終來臨)要發生的事，所具體預測的，是一段教會跟獸抗爭的時期，當中教會堅守其對真神的忠誠以至於死，向列邦作先知式的見證。這段期間邪惡的勢力會不惜一切地壓抑教會的見證，要把基督徒置諸死地，他們的得逞卻造就了教會的機會，讓她所見證的真理顯明其能力，叫列邦歸信悔改。這一終結前的「短暫」時期(參十二12)，以三年又一半的天啟時期來象徵。三年又一半早已成為傳統的符號，代表終結前神的仇敵對神的子民進行最後猛攻的時期。這時期以終結來臨為結束，即在基督來臨聚集悔改的列國進入祂的國度，終止一切反對祂統治的勢力之時。這即以一連串的象徵形象來描述，正如啟示錄的下文所記：受造世界在神的直接臨在中達至終末的完成。

因此，約翰預見在終結來臨之前的歷史，是大衝突的發生，是獸與教會的生死鬥，在其中神的祕密策略將產生果效：讓羔羊的追隨者參與在祂的國度的來臨中。與其把這看為預測，不如說這是對教會的呼召，就是持守誠實的見證以此引發衝突，贏取勝利；但肯定地，啟示錄並沒有預測歷史這段時期的事件次序。約翰用來描述這一時期所用的千變萬化的形象，乃關乎這時期的特質和意義，探究獸的權力和欺騙的本性、單單審判不足以帶來悔改、受苦見證的力量可以叫人信服真理、教會的見證跟耶穌的見證的關係等等。除此之外，這些形象讓教會可以從天上的角度來看當中衝突的意義和勝利的本質，因教會需要這樣的認識，以致可以由始至終堅持無價的見證。

任何接受約翰預言中富有洞察力成分的人，則很自然覺察到此書寫成後兩個世紀內，其預測的內容顯著地被證實為真。在迫害時期的尾聲，在戲劇性地改變教會跟帝國關係的君士旦丁革命的前夕，基督徒雖仍為少數派，但可算為相當大的少數派。這期間大部分的迫害都是地區性和分散的，然而到了第三世紀，基督教的增長引發了連串大規模的逼迫，決意要撲滅基督教。基督教並非只被看待為另一消亡中的東方宗教，而是被視為跟異教的整個世界觀相衝突，特別是跟羅馬帝國的意識形態的絕對主張相衝突。整段時期，基督福音之所以成功，殉道扮演著重要的角色。當然，未有歷史證據足以把這因素跟其他因素相比較，但很清楚，不單殉道無可避免地引起公眾對基督教的神的信仰普遍的注意，並且，人們亦看見，殉道士的自願受死以及他們死去的方式，也跟他們所相信的宗教信息相一致。此外，約翰的預言也扮演著這一重要的角色(事實上也是其目的)：為教會提供視象，讓殉道成為可能並變得有意義。[7]

基督教最後在歷史中勝過異教帝國，其勝利的本質當然要比上面所説的含糊得多，在基督教帝國及其後繼者中，獸不斷偽裝作基督教的形象出視。啟示錄的讀者無須驚訝，因為獸和巴比倫早在亞細亞的七教會中，有其同黨與爪牙。但明顯地，羅馬帝國的歸信並不等於終末國度的來臨。歷史是矛盾的場景，真理和虛謊在其中角力，神的國度只能以隱藏和對立的方式臨在，撒但以權力崇拜和繁榮來欺騙列邦，其力量未被廢去，一直延續著，過去如是，現在也如是。再者，我們所繪畫的歷史雖然很有意義，但只是世界歷史的一部分。約翰必定認識許多邦國，不止羅馬帝國版圖以外邊遠的帕提亞人(Parthians)；但即使在約翰來説，獸統治世界各國(十三7～8)，以及列國都飲醉了巴比倫的酒的陳述(十四8，十八3；參十八23～24，參十七18)，必定是有意誇張的，但在我們來説，現實看來只有過之而無不及。教會跟羅馬帝國之爭，不是，也不可能是主再來之前神在地上實現其普世國度的最後階段。

是以，約翰的預言非凡地應驗了，卻不是藉著國度的臨到。它保留著(且本身就是)尚未實現的終末剩餘部分。在此必須返回一般聖經預言的性質上去，這很重要。**一方面**，聖經的預言經常以先知的同代人為對象，講述他們當前的事，和近在眼前的將來，**另一方面**，預言**同時**使人生發一些盼望，這些盼望明顯地足以超越與當代人的直接關連，繼續指引後來的讀者走向神為他們將來所定下的旨意。強調歷史的現代學術，有時過分強調前者而完全排除後者，忘記了大多數的聖經預言之所以保留在聖經正典之中，乃因為其適切性不單指向原來的處境。反過來說，基要主義的解釋則在聖經的預言中找到先知之後許多世紀所發生的具體事件，對應預言中編碼的預測，他們誤解預言的持續的適切性，忽略去問預言對最初的聽眾有何意義。了解約翰的預言如何對他的同代人說話是十分重要的，正如我們在本書所做的，因為他們是惟一啟示錄明白表明的讀者。這並不妨礙我們欣賞預言，而是幫助我們了解預言怎麼可以超越它原來的處境對我們說話。

聖經預言顯明是對後來的讀者具有持續的適切性，其方法有二，彼此相關。首先，據了解，聖經傳統中，神在歷史中的旨意都具有一致性，因此祂在過去施行的重大拯救和審判就成了祂未來工作的典型。舉個例子，這就是為甚麼出埃及的形象在描繪終末的拯救和審判的事件上（不必說在啟示錄），扮演十分吃重的角色。但這也表示，已經實現的預言可再被解釋，重新應用於新的情景中。當約翰重複舊約有關巴比倫和泰爾滅亡的預言，他使用這些預言來寫成他自己那關乎巴比倫傾覆的預言，他並非對這些預言的原來指涉一無所知：昔日先知宣告這些神諭乃指向他們同時代的異教勢力。然而，羅馬作為經濟帝國，約翰視之為接續泰爾的，又因她的政治壓迫，就視之為巴比倫的繼承人。這些城市的邪惡都在羅馬出現，並且有過之而無不及，因此神對這些城市的審判，將要何等更嚴重地落在羅馬的身上。先知預言所對應的情況，可以套到任何一個城市上去。這樣的原則，讓先知式的神諭可以超越其原來的指涉，而無須假設，當耶利米指著巴比倫說預言，真正的指向乃是羅馬。在同樣的原則底下，啟示錄合法地啟發了後來的先知式批判，在整個教會歷史上對政治和經濟壓迫的批判，過去如是，現在亦如此。

其次，先知式的應許經常是超過實現的。例如，以色列在被擄巴比倫之後的復興，跟被擄時期的偉大先知所預先看見的並不吻合。在某個層面上，他們的預言可以說是實現了，但在另一個層面上，他們繼續引發盼望，盼望一更偉大的拯救事件出現，當中神將被普世確認為祂自己子民和世界列國的神。這種超過實現的應許，成為大多天啟式終末論的基礎。約翰的新耶路撒冷視象正是從被擄時期先知的視象發展出來的；被擄後耶路撒冷和聖殿的重建，跟真正要兑現的還差得遠。這裏有一個層面，在聖經先知傳統中，很多預言都有終末的旨趣。即是，當代的處境被帶進一個關係裏，即跟神國度來臨之時歷史的終局的直接關係。以賽亞已然看見那發自耶西殘株的彌賽亞苗裔，其所建立的普世和平和公義的樂園式統治，乃是批判亞述帝國的軍事壓迫，並即將取而代之正如約翰期盼殉道士的勝利和神對羅馬權力制度的審判，乃意味著神的普世國度在耶穌基督再來時的降臨。在後期先知和天啟文學的傳統中，這一終末旨趣變得愈來愈明顯和確定。從神對整個受造世界的終極公義和恩典的目的，來看祂對當前處境的心意，看來是聖經先知傳統的本質。這一特點並沒有構成難題，這可見於這些預言並沒有被視為虛假而遭摒棄，反之卻被採取融入猶太和基督教的盼望傳統之中。預言的實現是真實的，也是看得見的，可是，還沒有達到預言所提出的那種期盼的終末實現，那只有藉著神最後打敗一切邪惡才得以實現。這最終勝利的延遲卻構成難題，其原因就跟邪惡的難題一樣：本身必然成為一切有神論者的難題。然而，預言本身明顯地並非難題，其在歷史的矛盾中，預言的暫時應驗支撐著對終末國度來臨的盼望。

啟示錄作為聖經先知傳統的高峯，特別能夠超越其原來相關的處境，這中間還有一層意義。啟示錄匯集並重新預想許多聖經預言的線索，這些預言很明顯超越其原來的處境並引發神子民持續性的盼望。再者，啟示錄這樣子就可以把其第一代讀者的處境的特殊相關性，跟那種本質上超越其處境的終末誇飾法結合起來。我們已經察知，啟示錄經常使用顯著的普世性語言，同時用於獸的權力、領域和敬拜，以及教會的使命和見證之上。教會由列邦中被呼召出來（五9），組成一無法數算的人羣（七9），其見證（由天使宣講永恆的福音作為象徵），要傳遍列邦（十四6）。在獸的統治下，預期的試煉時期要臨到整個世界（三10）。獸有權柄掌控每一邦國，住在地上的一切都要敬拜牠（十三7～8）。第二獸以全權控制經濟生活的制度，強迫人敬拜頭一個獸（十三12～17），雖則這樣符合了獸那種權力的邏輯，但這不僅超出了第一世紀的實況，也超出了所有可能的情況。龍、獸和假先知集合全世界的君王於哈米吉多頓作最後戰爭（十六14）。巴比倫欺騙列邦（十四8，十八3、23），是殺害地上生靈的元兇，要對流血者負上罪責（十八24）。即使考慮到第一世紀人們地域的限制，這一切都必定是故意的誇飾手法，用以描寫即將臨到的，教會與獸之間的衝突；這是用終末普世性的詞彙而非歷史事實的詞彙來寫。啟示錄在約翰和他的讀者要面對的臨近將來，加上了神普世國度來臨的視象。

這並非表示約翰預測在羅馬帝國之後的幾個世紀，某個遙遠的將來，一個真正普世、全權、敵基督的國家將要出現。誇飾手法就跟我們在本書前面第四章所注意到的手法是同一類的：約翰寫作手法是：**彷彿** (as though) 所有基督徒都要殉道。誇飾手法讓我們清楚看見，在教會和帝國的抗爭中甚麼是存亡攸關的。衝突真正關乎的是神普世國度的來臨。但是，誇飾手法同時也表達了當時衝突中的危機，也是教會歷史上一直存在的危機。作為羅馬帝國的獸，永不會擁有真正的普世權力，但獸所代表的卻爭奪控制神的世界，直到神終末國度臨到之時；獸可以以千萬種其他的歷史面貌再現。因此，大城的街道——為神真理作見證的人就在那裏死在獸的手中——亦無須是耶路撒冷、羅馬或甚至是亞細亞的城市；可以是我們這個世紀難以計算的殉道士其所殉道的地方。終末的誇飾手法賦予這些符號內在的能力，可以應用至主再來。再者，不單是誇飾手法讓形象具有這種能力，也因為約翰設計的形象是用來深入他當代世界中運行的勢力的基本特質，以及其中根本的危機，甚至到一個程度，這些形象捨棄了約翰世界那些僅僅只是偶發的歷史事件。啟示錄裏面有足夠的形象，使得不會弄錯所要指涉的對像：巴比倫建在七座山上（十七9），並以非常精確的入口貨單進行貿易，把貨物從所知的世界各地運到第一世紀的羅馬去（十八11～13）。[8]但這些細節不多，少得可以容易地把形象應用到類似的情況。跟巴比倫相似的，必遭受巴比倫的刑罰。任何社會，若絕對化自己的經濟繁榮，不惜犧牲他人，都要承受巴比倫所受的裁決。

因此，啟示錄的預測性成分固然可以在其臨近的將來得以實現，但也有其持續的適切性，超越原來的處境，依然可以引發和傳遞那對神國度來臨的盼望。約翰這樣結合當前的實現和終末的實現，顯示了他的預言是忠於聖經預言的傳統，而對於那些接受這傳統對世界的視象為可信的人，啟示錄證明了它的真實性。

逼近與延遲

上一節討論的議題還有值得注意的另一面，但願是因為現代讀者普遍覺得這是一個難題。這就是逼近的期望，一個啟示錄和大部分的新約文獻都觸及的題目。約翰的預言是啟示「必要**快**成的事」（一1；參一3，二十二10：「日期近了」），這不能僅僅理解為教會與帝國之間的大衝突很快就要**開始**，因為主再來也被說成很快就到了。耶穌自己在跋的部分三次應許說：

「我必快來」(二十二7、12、20;參二16,三11)。許多人認為初期基督教對終末的期盼被這時間性的逼近所否證了。這樣的結論產生許多新約書卷的難題,但沒有較啟示錄那麼困難的,因為在啟示錄,終末期盼的主題是那麼的明顯。

然而,跟終末的逼近一樣,終末的延遲亦是啟示錄的特色;這主題被寫進整卷書的結構中。從殉道士呼喊的那一刻:「要等到幾時呢?」以及被告知還要多等片時(六10~11),讀者——或者更具體來說,應為啟示錄口述劇的聽眾——開始察覺逼近和延遲之間的張力,終局總是不斷地接近但又未曾明確地來到。令人失望的是,連串溫和的警告性審判,相當緩慢地推向一直期盼的最終審判的高峯。在打開第六和第七印之間的插曲,以及第六和第七號吹響之間的插曲,都是象徵和解釋這延遲。在關鍵的十和十一章,我們知道不再有延遲了,因沒有進一步的警告性審判(十3~6);但我們知道還是要延遲,因有持續三年又半的象徵時期(十一3),好讓教會向世界作先知式的見證。約翰在此產生了一個屬於他自己的演繹,就是終末逼近和終末延遲之間的緊張性,這主題貫串整個天啟文學的傳統。逼近的邏輯在於神的國度必然來到。邪惡得勝、義人受苦,這跟神的旨意矛盾,肯定不能這樣無限期地延長下去吧?如果神是公義的神,祂必定很快就能撥亂反正。但延遲的邏輯乃在於神的忍耐和恩典。祂讓人有時間悔改，約翰所啟示有關教會受苦見證的角色，就深化這一邏輯思路。在天啟文學的傳統中，義人受苦，乃要求神快快干預以建立祂的國度，但實際上，這正是神建立祂國度的策略。

三年有半，當然是象徵性的（啟示錄的時間〔time-periods〕全都是象徵性的，任何人若有懷疑應參看二10，十七12），亦有以「片時」（a little while）來表達其特性（六11，十二12，十七10），這片語跟三年有半一樣，在思考終末延遲一事上，有其釋經基礎和傳統角色（詩三十七10；賽二十六20；來十37）。這「片時」乃是向教會保證其試煉的時間並非無限的，在神的旨意裏有一定的期限，最後，神的國度必會來臨。這同耶穌應許「快」來是一致的，兩者都除去了時序計算的可能性。教會在為國度來臨的祈求中，在盼望列邦歸正中是活在逼近和延遲的張力下。這張力是神學意義的而不只是時序意義的；這就解釋了為甚麼主再來的延遲對初期教會並不構成問題，但對現代新約學者卻造成困難。[9]

啟示錄中所講的逼近的期盼，其真正重要的影響，乃在使得約翰可以把他對歷史終局的先知式視象，和他對當代處境的了解拉上關連。當他看見神最終要建立祂普世國度的這一旨意，起著衝擊當下現狀的作用，他就能看見神在當前的處境中的心意，並在神國度來臨的視野下，明白基督徒被呼召在這一心意中所扮演的角色。以神對歷史的最終旨意來面對目前，在這一先知式的過程中，實即默默承認了歷史的終結跟整個歷史具有一獨特的關係。歷史的終局不獨是末事的發生隨著歷史終結之前的事件而來。它是一切歷史真相顯露出來的時刻，是對一切歷史的價值和意義作出神聖判決的一刻。這樣子，初期基督徒的逼近的期盼，乃是一種生活方式，活在歷史最終要怎樣在神旨意中完成的亮光底下。這種生活方式視生命的每一刻都跟神國度的來臨相關，我們不能以時間的形式人為地重造這種意識——許多世代以前基督徒所具有的逼近意識。但我們需要另一類的純真，以致在主再來的延遲的表面障礙以外，我們可以分享初期基督徒那種對現狀與神終末國度之間的意義關係所具有的見識。

啟示錄對今天的適切性

這最後一節不會太詳盡。這裏不會嘗試預先展示處境化之路，不會代替讀者自己跟啟示錄神學打交道，以在當代的處境中尋找合適的道路使之處境化。這一節僅僅簡要地勾勒出一些本書的要點，為當代的反省提供神學方向。

1. 我們曾經提出啟示錄的其中一個作用是淨化和擦亮基督徒的想像。它處理人對世界富想像力的回應，這一回應至少跟他們在知性上的確信同具深度和影響力。它覺察主流文化怎樣以其形象和理念建構了我們的世界，以致我們以這文化的方式來看待和回應這世界。再者，它揭示這種對世界的支配性建構乃屬有權者的意識形態，其作用乃是維繫他們的權力。啟示錄卻提供另外一種看待世界的方式，帶領人抵抗和挑戰主體意識形態的種種作用。再者，因為這種不一樣的世界觀基本上乃向超越面開放，它就拒絕任何對這世界之內的權力或架構或理念作絕對化的舉動。這是教會被呼召永遠為抗衡文化的最基本的方式。當然，這少不了的想像力必須是淨化的和擦亮的，當然，也必須像啟示錄在原來的場景下那樣，永遠是處境性的，在這方面啟示錄則能提供指引和啟發。

2. 要馬上補充的是，啟示錄極之關注神的**真理**。因此，我們不應以庸俗的後現代方式解釋這些眾多不同的富想像力的世界觀，以致把一切有意義的真理貶為個人的喜好，最終以虛無主義作結。啟示錄沒有保證我們不會誤把形象當真理，但卻尋求符合真理的形象，並尋求以符合真理的方式去使用這些形象。它提醒我們教會向世界作的見證，其之所以為真實無妄，只在於基本上其乃為真理作見證——為獨一的真神，並為祂的公義和恩典的真理作見證。在今日的西方社會，這種為真理而作的見證，並不造成對極權的意識形態的對抗，即對那種宣稱擁有惟一真理並壓制福音的意識形態；在西方教會要面對的倒是，對真理的可能性一種相對的絕望心態，更甚的是，對真理的適切性採取消費主義式的忽略。教會的見證之所以有價值，只在於它知道可以為之而死的真理。

3. 啟示錄聲稱為符合真理的另類世界觀，是強烈地以神為中心的。由此，啟示錄顯示出一個以神為中心的視象的能力，以對抗壓迫、不公義和非人性。畢竟，只有藉著神的超越性這一淨化的視象，才足以有效地對抗人類偶像崇拜——即把這世界的事物絕對化的傾向。敬拜真神就是用以抗拒神化軍事和政治力量（獸）以及經濟繁榮（巴比倫）的力量。在現代，我們還可以加上：用以防範那些敵擋不公義和壓迫的運動，免於落入絕對化其自己的危機之中。

4. 啟示錄抗拒主流的意識形態，不單透過指向超越的神（天上）、也透過指向另類的將來（新創造和新耶路撒冷）而達成。啟示錄看世界為向神聖的超越面開放的，這就使得世界向神來臨中的國度開放。正是這樣子，才有可能充分認識一切不公義和壓迫的真相，並把維護不義和壓迫的組織相對化，無論那些組織是如何強大。

5. 除了從上而下（從天上的神聖超越面）的角度，和從終末將來的角度，啟示錄在某個意義下也採取了底層的角度，即由歷史中受害者的觀點來看事物。這是約翰認同了他們的立場，不一定表示約翰和他的讀者在社會和經濟地位上都處於這種狀況，但這卻是站在神和其國度的那一邊，對抗當權者的偶像崇拜的後果。儘管啟示錄的神學或被稱為解放神學，它也對富有的和有權勢的說話，正如它對貧窮的和受壓迫的說話。

6. 面對著主流的意識形態，啟示錄沒有鼓勵基督徒隱居於一小羣教派的領土上，讓世界承受自己的審判，卻在千禧夢想中安慰自己。因這是天啟文學思想的標準格局，故此必須認真強調這跟啟示錄的觀點剛剛相反。啟示錄指向神的國度要在整個世界來臨，並呼召基督徒積極地參與這個國度的來臨。啟示錄大膽地期盼列邦悔改歸正敬拜真神，發展了聖經先知傳統中最普世性的特色。啟示錄認為教會的先知角色，乃為真神和祂的公義對抗羅馬的政治和經濟的偶像崇拜，這看法忠於先知傳統的信念：真正的敬拜真神跟生活每一層面的公義和真理不能分割。基督徒為著神的國度的緣故，應在公共、政治的世界中作見證。在啟示錄以神為中心的視象中那麼顯著的敬拜，跟敬虔主義式的從公共世界退出來毫無關係。敬拜是對抗公共世界的偶像崇拜的基礎。敬拜代表性地指向這位真神要被列邦承認，在為整個受造世界所預定的普世敬拜中。

7. 正是啟示錄那種朝向神普世國度的特性，使得將來的終末論 (future eschatology) 成為它的強調點。上文述及，有批評者視啟示錄為未完全基督教化的猶太教，他們經常持有這種想法，把啟示錄跟其他新約書卷中被較為強調的實現終末論（realized eschatology）相比。但僅僅對比不同程度的重要性就要錯失了問題的重點。啟示錄神學的基礎乃是，耶穌基督已經贏了終末的勝利，其即時果效乃是從列邦中建立一羣神的子民，而這些子民是承認神的統治的；就著這個意義而言，也是神國度的實現。強調將來的終末論，乃在於看見這並非神旨意的終極目標，神國度尚未來到其意義乃在於主宰世界的權勢正在對抗神和祂的公義。教會並非為自己而存在，乃是為了參與在神普世國度的來臨中。彌賽亞已經贏取的勝利是決定性的終末事件，但尚未達到它的目標，直至一切邪惡都從神的世界被棄絕，列邦歸入彌賽亞的國度，它的目標才真正完成。這的確是從猶太天啟文學的觀點來看基督教的拯救事件，但這是作為那種把神的國度屬靈化的實現終末論的必須平衡，這種終末論叫人忘記世界未被救贖的一面。啟示錄的將來終末論，乃是要保守教會朝著神的世界以及神為世界預備的將來而邁進。

8. 啟示錄的先知式批判對教會對世界都同樣嚴厲。它看出假宗教不單存在於那明顯對繁華和權力的偶像崇拜，更有經常的可能，存在於真宗教把自己虛假化，跟偶像崇拜和違背神真理的事妥協之中。再者，這亦是啟示錄著重以神為敬拜和真理的中心的適切性。透過真正的敬拜，神的真理才被認識。教會若要在世界誠實地見證真理以抵抗偶像崇拜，就必須不斷持續地淨化她自己對真理的認識，這需要透過從至聖者而來的視象；這至聖者就是至高的創造者，跟被殺的羔羊同坐在寶座上。

9. 啟示錄描寫基督徒以見證的方式，參與在神建立國度的旨意中。這見證基本上是口頭的，卻以生命具體化。我們不應感到驚訝：若以神國度的價值為準則，運用權勢與影響力改變社會的可能性，就從沒被設想過。成疑問的倒是，應否將之歸因於天啟文學的世界觀，正如一向的做法，似乎若不然的話，就可能會有不同的看法。這種所謂天啟文學式的世界觀所具有的特性，乃對應第一世紀羅馬帝國的基督徒現實處境，因此在啟示錄中仍然存在，不然的話，啟示錄就要在許多地方上作出修改了，其中包括教會向世界作見證的看法。當然，在其他的處境下，在世界中服事神的國度有各種不同的可能性。這樣的見證是啟示錄見證概念的自然引伸，那包括了順服神的命令，即在生活中具體化祂的國度。但啟示錄也提醒基督徒參與神國度的來臨，並非倚仗權勢和影響力，這點依然十分重要。基督徒見證的基本形式，不能被別的方式取代，乃是對神的國度忠心到底。在無能力的見證中，真理的能力彰顯其打敗謊言的能力。合法的權力和影響力固然不會被唾棄，但當要堅持誠實見證的優先性，最好就抗拒權力的誘惑。

10. 在啟示錄的普世角度中，創造論、救贖論和終末論緊密相連。神這位一切實在的創造者，祂忠於所創造的世界，在基督裏重新宣稱其對受造世界的主權，並將之更新。因祂是受造世界的始，也必是其終。祂的新創造的範圍是普世的，可與這受造世界相比。作為創造者，祂宣稱祂的國度為普世的；作為創造者，祂能更新這受造世界，帶領受造世界超越邪惡和虛無的威嚇，進入祂自己永恆的臨在中。啟示錄對新約神學的重要貢獻，乃在於把新約的中心主題：在基督裏的拯救，清楚地置於它本身所屬的聖經神學的脈絡中，這脈絡乃關乎創造者對整個受造世界的旨意。這是今日需要重新發掘的觀點。

11. 本書整個研究不僅強調啟示錄的以神為中心性，意即其世界觀的各個方面，都引伸自其神觀，而這神觀本身也是嚴肅神學反省下的精緻產物。悲哀的是，這一神觀在這本備受誤解的書卷中，是最為人誤解的。啟示錄具有新約中發展最成熟的三一神學，除了約翰福音這一可能的例外。在證明三一論在希臘哲學範疇之外的發展上，它就更為寶貴了。它對神的超越性具有一有力的、否定的(apophatic)的掌握，完全避過且超過了當代對超越的君主的形象的批評。同時，它表達了神在世上榮耀的收斂，因為邪惡勢力在地上仍然肆虐；它確認神在此世的臨在乃以被殺羔羊和七靈的方式出現，這七靈感動教會作見證。把羔羊置於寶座上，把七靈置於寶座前，即在神國度在這世界的來臨中，讓犧牲的愛和真理的見證佔最首要的地位。而同時受造世界向神聖超越面開放，保證國度的必然來臨。神的統治跟人的自由並沒有衝突，不像獸那種強迫性的暴政，人的自由在人參與神的統治中實現，即在神治與自主的合一中實現。最後，神聖的超越性並不妨礙反而使得受造世界可以在與神直接的關係中存在，這是受造物的終末命運；祂的同在是受造世界的榮耀和永生。在此，把本書開展的有關對神的了解作一重點式的總結，目的乃在於指出啟示錄今天仍有一出人意表的神學適切性，就是它能幫助啟發我們對神觀作出更新，這也許是當今神學界最急切的需要。

1 關於藝術中的啟示錄，見M. R. James, *The Apocalypse in Art* (London: Oxford University Press, 1931)；F. van der Meer, *Apocalypse: Visions from the Book of Revelation in Western Art* (London: Thames & Hudson, 1978)；R. Petraglio *et al.*, *L'Apocalypse de Jean: traditions exégétiques et iconographiques IIIe～XIIIe siècles* (Geneva: Libairie Droz,1979)。雖然G. Quispel, *The Secret Book of Revelation* (London: Collins, 1979) 一書處理啟示錄文本有些偏離，但卻以許多西方藝術歷史中的例子，出色地展示這一主題。雖然學界已有考慮啟示錄對禮儀和聖詩的影響，但筆者尚未知道有甚麼研究。曾經有位聖詩作者寫過一本靈修用的啟示錄注釋，以歌詞散置其間：C. Rossetti, *The Face of the Deep* (London: SPCK, 4th edn, 1902)。

2 見如：W. H. C. Frend, *Martyrdom and Persecution in the Early Church* (Oxford: Blackwell. 1965)；R. Bauckham, *Tudor Apocalypse* (Appleford: Sutton Courtenay Press, 1978)，特別是第二章。下述這本啟示錄註釋乃把啟示錄應用於現代受壓迫的處境(南非黑人在種族分隔下的痛苦)：A. A. Boesak, *Comfort and Protest* (Edinburgh: Saint Andrew Press, 1987)。也請注意美國黑人奴隸聖歌(spirituals)中從啟示錄所得的靈感 (G. S. Wilmore, *Last Things First*〔Philadelphia: Westminster Press, 1972〕, 77～78) 以及羅馬尼亞牧師Richard Wurmbrand的獄中默想 *Sermons in Solitary Confinement* (London: Hodder & Stoughton, 1969)，特別是頁87和180。

3 關於中世紀及現代初期，見M. Reeves, 'The Development of Apocalyptic Thought: Medieval Attiudes'；J. Pelikan, 'Some Uses of the Apocalypse in the Magisterial Reformers'；及B. Capp, 'The Political Dimension of Apocalyptic Thought'，都收於C. A. Patrides and J. Wittreich, *The Apocalypse in English Renaissance Thought and Literature* (Manchester University Press, 1984), 40～124 (包

括其他文獻的引用)。一個現代的例子，見Daniel Berrigan, *Beside the Sea of Glass: The Song of the Lamb* (New York: Seabury Press, 1978)。亦見C. Rowland and M. Corner, *Liberating Exegesis: The Challenge of Liberation Theology to Biblical Studies* (London: SPCK. 1990), chapter 4；O. O'Donovan,'The Political Thought of the Book of Revelation', *TynB* 37 (1986), 61～94。

4 R. Bultmann, *Theology of the New Testament.* vol. II, trans. K. Grobel (London: SCM Press, 1955), 175.

5 參J. D. G. Dunn, *The Partings of the Ways* (London: SCM Press, 1991)。

6 這種誤解可同時見於兩種解釋：「歷史的」傳統 ('historicist' tradition) 和「將來的」傳統('futurist' tradition)。前者把啟示錄看為一象徵的敍述，從啟示錄的寫作時間到主再來的整個教會歷史(關於這一傳統在十六世紀的情況，見Bauckham, *Tudor Apocalypse*，特別是第四章；至於這一傳統的偉大經典，乃E. B. Elliott, *Horae Apocalypticae* (London: Seeley, Jackson & Halliday, 5th edn, 1862)，共四冊。後者同樣把啟示錄看為一象徵敍述，惟所述者乃主再來之前的歷史的最後幾年(這一傳統極為受歡迎的最新版本，乃Hal Lindsey, *The Late Great Planet Earth*〔London: Lakeland, 1971〕，對其批判則見於C. Vanderwaal, *Hal Lindsey and Biblical Prophecy*〔Ontario: Paideia, 1978〕)。

7 注意如給里昂 (Lyons) 和維恩 (Vienne) 眾教會的信件中，曾引喻啟示錄 (ap. Eusebius, *Hist. Eccl.* 5.1.1～5.4.3)，這是其中一個最早記載殉道的文獻，特別是其引喻啟示錄十四章4節 (5.1.10) 和一章5節、三章14節 (5.2.3) 。

8 R. Bauckham, 偲he Economic Critique of Rome in Revelation 18'，載L. Alexander編，*Images of Empire* (*JSOT* SS 122; Sheffield: *JSOT* Press, 1991), 58～79，此亦為Bauckham, *The Climax of Prophecy*, chapter 10。

9 進一步見R. Bauckham, 'The Delay of the Parousia', *TynB* 31 (1980), 3～36。

進深閱讀

下列的書本和文章，特別對研究啟示錄神學很有用途。

Barr, D. L. 'The Apocalypse as a Symbolic Transformation of the World: A Literary Analysis', *Int.* 38(1984), 39～50.

'The Apocalypse of John as Oral Enactment', *Int.* 40 (1986), 243～256.

Bauckham, R. *The Climax of Prophecy: Studies on the Book of Revelation.* Edinburgh: T. & T. Clark, 1992. 論文文集，當中許多篇論文以更長篇幅進一步發展本書的論點。

Beasley-Murray, G. R. *The Book of Revelation.* NCB. London: Marshall, Morgan & Scott, 1974. 這是一本可靠的註釋書，對神學論題有警覺性。

Boring, M. E. 'The Theology of Revelation: "The Lord Our God the Almighty Reigns" ', *Int.* 40 (1986), 257～269.

Bovon, F. 'Le Christ de L' Apocalypse', *RTP* 21 (1972), 65～80.

Caird, G. B. *A Commentary on the Revelation of St John the Divine.* BNTC. London: A & C. Black, 1966. 這本註釋書值得注意的是，嘗試把啟示錄通篇讀為全面從基督教重新解釋舊約的形象和主題。

Comblin. J. *Le Christ dans l'Apocalypse.* Bibliothèque de Thèologie: Théologie biblique 3/6. Paris: Descée, 1976. 這本研究啟示錄基督論(以及相關的主題)的主要著作，其寫作是獨立於Holtz的著作的(見下條)。其附加按語(頁237～240)指出Comblin有別於Holtz的地方。

é èèè

Holtz, T. *Die Christologie der Apokalypse des Johannes.* TU 85. Berlin: Akademie Verlag, 1962. 是這題目標準而徹底的研究，若以Comblin相當不同的進路為補充，則會很有用(見前條)。

'Gott in der Apokalypse'，載J. Lambrecht編，*L'Apocalyptique johannique et l'Apocalyptique dans le Nouveau Testament.* BETL 53; Gembloux: Duculot and Leuven: University Press, 1980, 247～265。

Mazzaferri, F. D. *The Genre of the Book of Revelation from a Source-Critical Perspective.* BZNW 54. Berlin and New York: de Gruyter, 1989. 基本上本書討論啟示錄乃屬於先知的文學類型，但其研究卻遠較其書名寬闊，並且對許多解釋的問題有相當的洞見。

Minear, P. S. 'Ontology and Ecclesiology in the Apocalypse', *NTS* 12 (1966), 89～105.

I Saw a New Earth: An Introduction to the Visions of the Apocalypse. Washington and Cleveland: Corpus, 1968. Minear的論題是：啟示錄並非對羅馬帝國的批判，要針對的只是教會最終未能使人信服，但本書充滿簇新的及敏銳的洞見。

Rissi, M. *Time and History: A Study of the Revelation.* Trans. G. C. Winsor. Richmond, Virginia: John Knox Press, 1966. 本書嘗試把啟示錄置於拯救歷史(*heilsgeschichtliche*)的神學架構之中。

Schüssler Fiorenza, E. *The Book of Revelation: Justice and Judgment.* Philadelphia: Fortress, 1985. 本書為一文集，所收乃美國研究啟示錄最重要的專家之一的主要文章。

Sweet, J. P. M. *Revelation.* SCM Pelican Commentaries. London: SCM Press, 1979. Sweet乃內在於G. B. Caird及Austin Farrer (Sweet把他們最好的洞見從頗為離題的討論中抽取出來) 的傳統來解釋，值得注意的是其對舊約引喻的重要性和形象聯想的寬度，十分警覺。本書可能是簡短的英文註釋中最好的一本。

'Maintaining the Testimony of Jesus: the Suffering of Christians in the Revelation of John，載W. Horbury and B. McNeil編，*Suffering and Matyrdom in the New Testament: Studies presented to G. M. Styler.* Cambridge University Press, 1981, 101～117.

Trites, A. A. *The New Testament Concept of Witness.* SNTSMS 31. Cambridge University Press, 1977. Chapter 10. 本書乃啟示錄這一主題的最重要研究作品。

Vögtle, A. 'Der Gott der Apokalypse: Wie redet die christliche Apokalypse von Gott'，載J. Coppens 編，*La Notion biblique de Dieu: Le Dieu de la Bible et le Dieu des philosophes.* BETL 41; Gembloux: Duculot and Leuven: University Press, 1976, 377～398。

Yarbro Collins, A. *Crisis and Catharsis: The Power of the Apocalypse.* Philadelphia: Westminster Press, 1984. 本書嘗試以社會學和心理學的角度來了解啟示錄的信息。

問題研習

第一章

1. 啟示錄用了三種文學類型：天啟、預言和書信，三者各自有何特性？這對啟示錄的內容和目的有何意義？（頁2～12）

2. 天啟文學是甚麼？啟示錄與一般天啟文學有何差異之處？（頁7～16）

3. 若啟示錄是書信，此書對象是誰？目的何在？（頁16～21）

4. 啟示錄所展示的視覺形象與當時讀者的世界觀有何關連？對他們有何幫助？（頁21～23）

5. 啟示錄如何回應當代流行的神話形象？（頁23～26）

第二章

1. 啟示錄中以神為中心，其突出的神觀，對當代的讀者有何影響？（頁32～35）

2. 啟示錄的序（一8）羅列了神四個重要的稱號，這些稱號有何意義？（頁35～47）

3. 啟示錄四至五章的內容是甚麼？在全書中有何功能和角色？（頁42～48）

4. 一世紀羅馬的意識形態是如何的？這對認識啟示錄中的獸與淫婦有何幫助？（頁48～53）

5. 啟示錄如何對照主禱文頭三願：「願人都尊你的名為聖，

願你的國降臨，願你的旨意行在地上，如同行在天上」（太六9～10）？（頁53～54）

6. 試描述四章神寶座的視象與七印、七號、七碗三系列的審判之間的連繫。（頁56～57）

7. 作者所形容神的形象是怎樣的？其目的何在？（頁58～62）

8. 試找出獨一神論與終末論的關係，啟示錄如何展示出這兩者的關係？作者如何從終末盼望聯繫到神的信實和審判呢？（頁64～70）

第三章：坐在寶座上的羔羊

1. 根據啟示錄一章17至18節，將「阿拉法和俄梅戛」、「初與終」等名號用在基督身上，有何意思？為甚麼？（頁75）

2. 相較於以賽亞書，啟示錄一章17至18節所用的「首先的和末後的」有何意義和分別？（頁76～79）

3. 試找出啟示錄中，序（一1～18）與跋（二十二6～21）如何以不同的文學手法互相呼應？對理解基督的身分有何幫助？（頁77～79）

4. 敬拜在啟示錄中有何神學意義？對猶太和初期基督教一神論有何含義？（頁80～85）

5. 啟示錄的基督論表明基督做甚麼，神也做甚麼。試舉例說明之。（頁85～87）

第四章：羔羊的勝利及其追隨者

1. 從啟示錄稱謂的統計數字中，如何看出基督的人性的

重要性？（頁90～91）

2. 試列舉啟示錄的三個象徵主題，並描述這些主題如何傳遞基督的工作。（頁91～99）

3. 啟示錄中，基督的死及其跟隨者的殉道如何帶來勝利？兩者的意義在哪裏？角色是甚麼？（頁100～107）

4. 那封妥的書卷所要揭示的內容，傳遞的過程是怎樣的？它與教會和獸有何關係？（頁108～113）

5. 為甚麼書卷的啟示是萬國的拯救？兩個見證人的角色是甚麼？（頁113～117）

6. 若「得勝」是全書的結構和主旨的基礎，那麼基督徒的呼召是甚麼？我們應如何理解殉道？（頁118～125）

7. 啟示錄十二至十四章的彌賽亞戰爭後來被哪些形象取代了？取代的原因是甚麼？有甚麼效果？（頁125～130）

8. 啟示錄十五章如何對照出埃及的背景？這如何推展至將來？（頁131～138）

9. 根據基督的工作和主再來的描述，我們如何解釋初期基督徒把耶穌了解為既是現在的救主，又是終結的審判官？（頁138～141）

10. 千禧年對審判有何作用？它與殉道者的勝利和平反有何關係？（頁141～144）

第五章：預言的靈

1. 啟示錄中，「靈」和「七靈」的稱謂分別出現了多少次，它們在甚麼地方出現？（頁150～151）

2. 「七靈」與撒迦利亞書四章的視象有何關連之處和不同之處？它與羔羊又有何關係？（頁151～157）

3. 試描述「靈」跟神、基督與及教會的關係，它扮演的角色是甚麼？（頁157～161）

4. 約翰的預言與耶穌的見證有何關係？（頁161～165）

5. 啟示錄給眾教會的七信息的意義有何特色？（頁165～170）

第六章：新耶路撒冷

1. 啟示錄如何形容巴比倫城，她與當時的羅馬有何異同？（頁174～176）

2. 當時代的人在城中的生活是怎樣的呢？啟示錄所創造的符號世界對他們有何啟迪？（頁176～179）

3. 新耶路撒冷有何終極意義，她如何襯托著巴比倫城的傾覆？試找出兩城視象上的對比。（頁179～181）

4. 新耶路撒冷是一個怎樣的地方，她如何實現人類的渴求？（頁181～187）

5. 新耶路撒冷對立約子民和列國有何意義？這與上帝的應許有何關聯？（頁187～191）

6. 新耶路撒冷的降臨（二十一3）與上帝臨在寶座上（二十一章以前）意義有何差別？（頁191～195）

7. 試形容上帝終末國度統治的視象。（頁192～195）

第七章：啟示錄對今日的意義

1. 試描述啟示錄對舊約預言及對耶穌基督的應許的統一性，她在聖經書卷中有何特質？這特質有何作用？（頁198～200）

2. 視啟示錄為真正的預言有何爭議之處？如何解決這些爭議？（頁200～205）

3. 一般聖經預言的性質是怎樣的，這與啟示錄有何相關？（頁202～204）

4. 聖經預言對後來的讀者同樣帶來適切性，當中有何方法？啟示錄是否採用這些方法？（頁207～212）

5. 啟示錄提及終末逼近和終末延遲，這張力是否對初期教會構成問題？為甚麼？（頁212～215）

6. 試說明本書的三項要點，它們對你今天的處境如何帶來適切性？（頁215～222）